PRACTIS YOUR FRENCH

Jane Chisholm and Anne Reymond

Illustrated by
Sue Stitt

Contents

Designed by Kim Blundell
Additional illustrations by Neil Meacher and Martin Newton

About this book

This book will help you practise French grammar with puzzles, tests and games. Each grammatical point is introduced and explained before being tested. So that even if you haven't come across it before, you should still be able to do the puzzles successfully.

Don't worry if you find French words that you don't understand. You can look them up in the vocabulary list at the back of the book. There is also a chart of irregular verbs, which will help you construct sentences of your own. In most cases however, you won't need to know many words in order to do the puzzles. Sometimes you can guess what the sentence means, even if you don't know all the words. You can find answers to the puzzles on pages 41 to 45.

This book is not designed for writing in, although you'll see gaps in sentences that look as though they need filling in. In fact the spaces are too small to fit the correct answers, so find yourself a notepad or some scrap paper to use instead.

Accents

A lot of French words contain "accents". These are small marks, above or below a letter. In most cases they are there as clues to help you pronounce the word. Try to remember them when you are learning a new word, as they are just as important as getting the spelling right. In some cases, they even alter the meaning of the word. For instance, *où* means "where", but *ou* means "or", and *à* means "at" or "to", but *a* means "has". Accents are not used on capital letters.

Apostrophes

The French don't like a word which ends in "e" to be followed by one which begins with "e" or "a". So they often link the words together with an apostrophe. For example, the words for "I" and "have" are *Je* and *ai*, and instead of saying *Je ai*, they say *J'ai*. This makes the words run together more smoothly, so that they are easier to pronounce. (This rule does not apply if the "e" is not pronounced, as in the second "e" in *elle* (she).

Tu and vous

The French have two words for "you" – *tu* and *vous*. *Tu* is used for children and people you know very well. *Vous* is for everyone else, and for when you are talking to more than one person. So be careful about using *tu* – or people may think you are being rude.

Using on

The French use the impersonal word *on* in a lot of different situations. In English it can be translated literally as "one", but most people tend to say "we" or "they" instead. Here are some examples of how it is used.

On ne sait jamais.
You never know.

Ici on parle anglais.
English is spoken here.

Gender

Throughout the book you will come across words with letters in brackets after them: (m), (f), and (pl). These stand for "masculine", "feminine" and "plural". French nouns, unlike English ones, have a sex, or gender. You can find out more about this on page 3.

Nouns and articles

A noun is the name of a person, place or thing. Articles are words, such as "a" or "the", which come before nouns. English nouns can be singular or plural (for example: "book" or "books"), but French nouns have a sex, or gender, too. Some words are masculine; others feminine. The article used before the noun varies according to its gender, and according to whether it is singular or plural. It is important to learn the gender when you learn a new word. Here are the French articles:

	the	a	
masculine	le / l'*	un	
feminine	la / l'	une	
plural	les	des	some

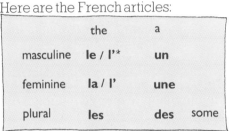

le gâteau
un gâteau

la pomme
une pomme

les bonbons
des bonbons

Spotting the gender

Here are a few clues to help you guess whether a noun is masculine or feminine. But there are a lot of exceptions, so you can't treat this as a rule.

A lot of words ending in e are feminine, as are most words ending in -ace, -oire, -ière, -tion, -sion and -cion. Most countries are feminine too.

Most words ending in -er, -al, -ent, -eur and -acle are masculine. And so are the words for days, months, seasons, languages and metric measurements.

Using articles

The French use articles far more than we do in English. Practically all French nouns need an article.

For example:

A l'école.
At school.

J'aime le tennis.
I like tennis.

Le Père Noël.
Father Christmas.

Je déteste le café.
I hate coffee.

maison (f)

volets (m.pl.)

fenêtres (f.pl.)

arbre (m)

mur (m)

jardin (m)

balcon (m)

fleurs (f.pl.)

porte (f)

journal (m)

chien (m)

escalier (m)**

voiture (f)

bicyclette (f)

Can you work out the articles that go with each of the things in this picture? (The gender is in brackets.) For example: *toit (m)* – *le toit* (the roof), *un toit* (a roof).

*This is used with words beginning with "h" or a vowel. For example: l'heure, l'arbre.
**Remember, words beginning with vowels take l'.

Agreements

The endings of French nouns and adjectives change in the plural. Adjectives – words which describe nouns – change according to the gender of the noun as well. (You can find out about gender on page 3.)

Making plurals

Most nouns, and adjectives describing masculine nouns, can be made plural by adding an "s". For example:

la tarte + la tarte = les tartes

There are some exceptions though. Words ending in *-al* change to *-aux* in the plural.

un journal + un journal = des journaux

Words ending in *-eau* change to *-eaux*. For example:

un château + un château = des châteaux

Making feminine nouns

Nouns which refer to people's professions or nationalities often vary according to gender. Many nouns can be made feminine by adding an "e". Words ending in *-ier* often change to *-ière* and those ending in *-eur* change to *-euse* or *-rice*. For example:

un Français
a French man
une Française
a French woman

un chanteur
a singer (m)
une chanteuse
a singer (f)

un épicier
a grocer (m)
une épicière
a grocer (f)

un spectateur
a spectator (m)
une spectatrice
a spectator (f)

l'arbre (m)

la chaise

la rue

la table

Find the plurals

How many of the words shown in this picture can you write in the plural?

le canal

l'arbre

l'oiseau

le raisin

le cheval

la maison

le chien

Clue: If you get stuck you can find all the answers in code around the edge of the picture. The code is: A = Z, B = Y, C = X, D = W and so on.

ovh lrhvzfc

ovh nzrhlmh

ovh xzmzfc

ovh yzgvzfc

ovh xsrvmh

les fleurs

BOULANGERIE

Maison de

Colonel Leski

la fontaine

le moulin

le bateau

le château

le fermier

ovh ziyivh

ovh uvinrvih

ovh xszgvzfc

ovh nlformh

ovh izrhrmh

The secret meeting

Colonel Leski has a secret meeting with a foreign agent. For security reasons, he wasn't given the name of the meeting place – just a description of what it looked like and directions on how to get there. Unfortunately he has come to the wrong place. By reading the description on the right, can you work out which sentence doesn't fit the scene shown here?

Since the agent's French isn't very good, he hasn't put the correct endings on the adjectives. Which ones do you think need changing?

l'herbe (f)

Making adjectives agree

An adjective's ending alters with the gender and quantity of the noun it is describing. Most adjectives can be changed from the masculine to the feminine form by adding "e". For masculine plural nouns you add "s", and for feminine ones, "es".

Il est petit.
He is small.

Elle est grande.
She is big.

Elles sont grandes.
They are big.

Ils sont petits.
They are small.

With adjectives that end in "f", such as *neuf* (new), you chop off the "f" and add "ve" to make the feminine – *neuve*. For example:

Le chapeau est neuf.
The hat is new.

La voiture est neuve.
The car is new.

With adjectives ending in "x", you chop off the "x" and add "se" to make the feminine form. There is no "s" in the masculine plural.

Il est heureux.
He is happy.

Elle est heureuse.
She is happy.

If the adjective ends in "c", you add "he" to make it agree with a feminine noun.

Le drapeau est blanc.
The flag is white.

La neige est blanche.
The snow is white.

Exceptions

There are also a few irregular adjectives:

vieux (m) (old)	beau (m) (beautiful)	long (m) (long)
vieille (f)	belle (f)	longue (f)
vieux (m.pl.)/	beaux (m.pl.)	longs (m.pl.)
vieilles (f.pl.)	belles (f.pl.)	longues (f.pl.)
fou (m) (mad)	bon (m) (good)	gros (m) (big, fat)
folle (f)	bonne (f)	grosse (f)
foux (m.pl.)	bons (m.pl.)	gros (m.pl.)
folles (f.pl.)	bonnes (f.pl.)	grosses (f.pl.)

L'église est vieux.
L'arbre est grand.
L'herbe est court.
Les fleurs sont rouge.
La rue est étroit.
La table est blanc.
La chaise est cassé.
La fontaine est sec.

l'église (f)

The present tense

There is only one present tense in French, whereas there are two in English. They use the same words to translate, for instance, "I swim" and "I am swimming": *Je nage.*

French verbs fall into three groups:

those with the infinitive ending in *er, ir* or *re.* (The infinitive is the impersonal part of the verb, such as "to do" or "to run".) Here you can find out how to form the present tense of regular verbs, using the infinitive.*

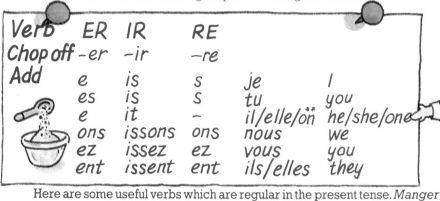

Verb	ER	IR	RE		
Chop off	-er	-ir	-re		
Add	e	is	s	je	I
	es	is	s	tu	you
	e	it	–	il/elle/on**	he/she/one
	ons	issons	ons	nous	we
	ez	issez	ez	vous	you
	ent	issent	ent	ils/elles	they

Here are some useful verbs which are regular in the present tense. *Manger* has one exception – *nous mangeons*, instead of *nous mangons*.

aimer, to love
regarder, to look at
danser, to dance
parler, to speak
manger, to eat
écouter, to listen
porter, to carry, wear
tomber, to fall

finir, to finish
choisir, to choose
saisir, to seize
fleurir, to flower, bloom
grandir, to grow
rougir, to blush
pâlir, to grow pale
haïr, to hate

vendre, to sell
rendre, to give back
entendre, to hear
perdre, to lose
descendre, to go down
attendre, to wait
mordre, to bite
mettre, to put

The verbs in these sentences are shown in brackets in the infinitive. Can you work out what all the right endings should be?

Eric (manger) le gâteau.

Je (danser) très bien.

Je (parler) trois langues.

Louise et Michèle (aimer) la tarte.

Tu (rougir).

Nous (écouter) la musique.

L'arbre (grandir) très vite.

Je (regarder) la bicyclette.

6

*Not all verbs follow this rule. You can find out about irregular verbs on page 40.
**See page 2 for more about using "on".

Match up the words

These verbs and their subjects have all been jumbled up together. See if you can match them up to make phrases. For example: *Elle danse.*

Ils — chantez — vends

fleurissent — vous — Elle

Nous — Tu — grandissons — Danse

Crossword puzzle

Can you do this French crossword puzzle. To find the answers, translate the clues into French and write down the verb only.

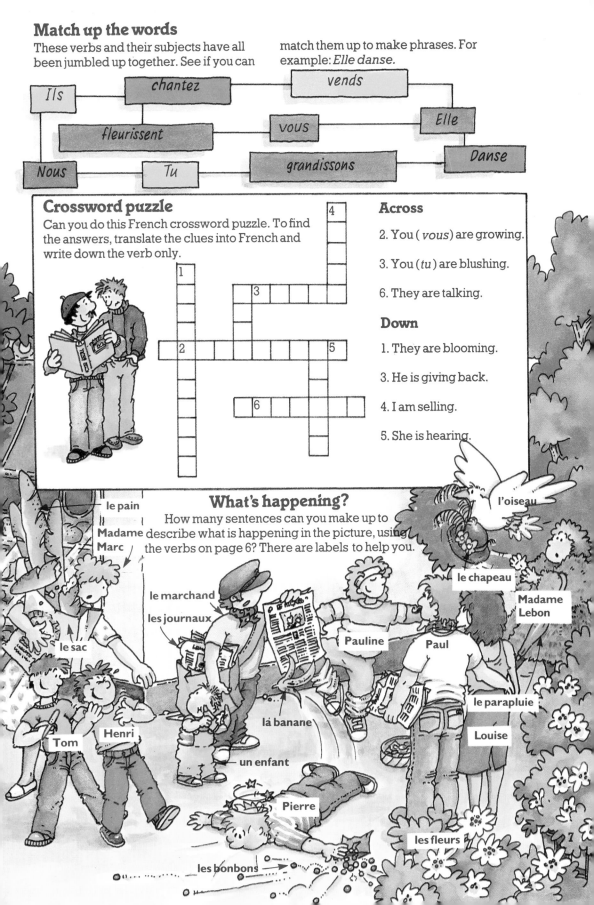

Across

2. You (*vous*) are growing.

3. You (*tu*) are blushing.

6. They are talking.

Down

1. They are blooming.

3. He is giving back.

4. I am selling.

5. She is hearing.

What's happening?

How many sentences can you make up to describe what is happening in the picture, using the verbs on page 6? There are labels to help you.

le pain

l'oiseau

Madame Marc

le chapeau

le marchand

Madame Lebon

les journaux

Pauline

Paul

le sac

le parapluie

la banane

Louise

Tom

Henri

un enfant

Pierre

les fleurs

les bonbons

7

Etre and avoir ... to be and to have

Etre and *avoir* are the French verbs for "to be" and "to have". *Avoir* is used in many situations which in English would be translated by "to be", for instance, when speaking about age. The French say *"J'ai quatorze ans."*, which means literally "I have 14 years.".

Chantal's letter

Je__ écolière.
J'__ deux frères
et une soeur. Mon
père__ professeur
et ma mère__
danseuse. Nous__
une maison à la
campagne.

Chantal is writing to a penfriend, describing herself and her family. She has missed out all the verbs. Can you work out what they are? They all come from *avoir* or *être*.

Etre		Avoir	
Je suis	I am	**J'ai**	I have
Tu es	You are	**Tu as**	You have
Il est	He/It is	**Il a**	He/It has
Elle est	She/It is	**Elle a**	She/It has
On est	One is	**Il y a**	There is
Ç'est*	It is		There are
Nous sommes	We are	**Nous avons**	We have
Vous êtes	You are	**Vous avez**	You have
Ils sont	They are (m)	**Ils ont**	They have (m)
Elles sont	They are (f)	**Elles ont**	They have (f)

Here are some phrases which use *avoir* rather than *être*. Can you fill in the missing parts of the verbs? Each dash represents a word.

J'__ froid.
I am cold.

Elle __ chaud.
She is warm.

Tu __ faim.
You are hungry.

Il __ soif.
He is thirsty.

Il __ de la chance.
He is lucky.

J'__ mal aux pieds.
My feet hurt.

Elle __ besoin de dormir.
She needs to sleep.

Nous __ peur.
We are afraid.

Vous __ tort.
You are wrong.

Elle __ raison.
She is right.

Cartoon strip puzzle
Can you guess the missing French words in this cartoon strip?

Quel âge . . . tu?
How old are you?

J'. . . quinze ans.
I'm fifteen.

J'. . . froid.
I'm cold.

Tu . . . besoin d'une serviette.
You need a towel.

Est-ce que tu . . . faim?
Are you hungry?

Non, mais j'. . . soif.
No, but I'm thirsty.

You can find out more about using "c'est" on page 11.

Positioning adjectives

In English, adjectives come before the noun they are describing, but this is not always the case in French. Some common adjectives do come before the noun, but the general rule is for them to follow it. Adjectives which come before the noun are: *bon* (good), *mauvais* (bad), *jeune* (young), *vieux* (old), *nouveau* (new), *petit* (small), *gros* (fat), *joli* (pretty), *beau* (beautiful), *long* (long), *tout* (all), *même* (same) and *autre* (other). All adjectives describing colour, shape, nationality or temperature follow the noun. For example:

un petit magasin
a small shop

le vin rouge
red wine

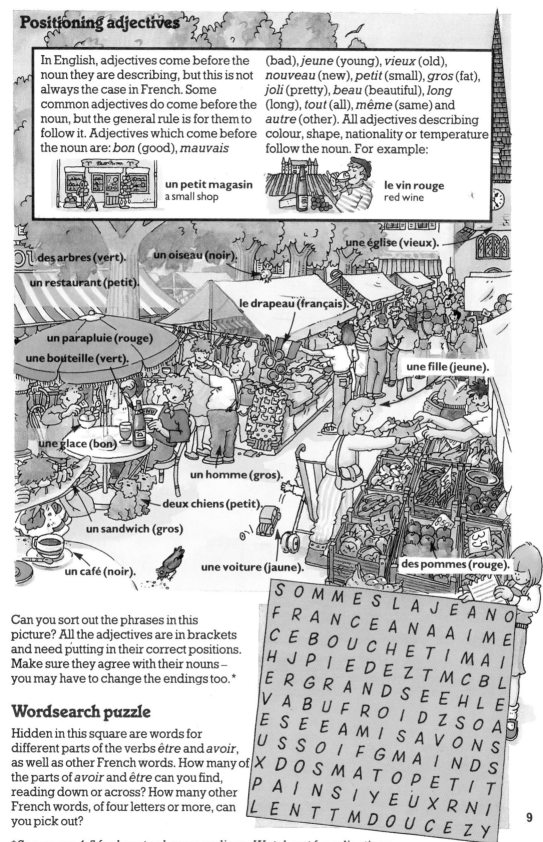

des arbres (vert).

un oiseau (noir).

une église (vieux).

un restaurant (petit).

le drapeau (français).

un parapluie (rouge)

une bouteille (vert).

une fille (jeune).

une glace (bon)

un homme (gros).

deux chiens (petit).

un sandwich (gros)

un café (noir).

une voiture (jaune).

des pommes (rouge).

Can you sort out the phrases in this picture? All the adjectives are in brackets and need putting in their correct positions. Make sure they agree with their nouns – you may have to change the endings too.*

Wordsearch puzzle

Hidden in this square are words for different parts of the verbs *être* and *avoir*, as well as other French words. How many of the parts of *avoir* and *être* can you find, reading down or across? How many other French words, of four letters or more, can you pick out?

```
S O M M E S L A J E A N O
F R A N C E A N A A I M E
C E B O U C H E T I M A I
H J P I E D E Z T M C B L
E R G R A N D S E E H L E
V A B U F R O I D Z S O A
E S E E A M I S A V O N S
U S S O I F G M A I N D S
X D O S M A T O P E T I T
P A I N S I Y E U X R N I
L E N T T M D O U C E Z Y
```

*See pages 4-5 for how to change endings. Watch out for adjectives with irregular endings.

9

Asking questions

The most common way of asking a question in French is to put the words *est-ce que . . .* (which literally mean "Is it that . . . ?") in front of a statement. Another way is to turn the verb and subject around and link the two words with a hyphen. For example: *aimez-vous?* instead of *vous aimez*. This is called an inversion. You can add the words for "what", "why" and so on in front of either of these structures. In conversation, people sometimes just make a statement and use their voices to show that they are asking a question.

Here are three ways of asking the question "Have you got any bread?":

Adding a "t"

If a verb ending in "e" or "a" comes before the pronouns *il* or *elle* in an inversion, the words are linked together with a "t". This stops the vowels clashing and makes the words easier to say. For example:

Danse-t-il?
Is he dancing?

Can you turn all these sentences into questions? Try *est-ce-que* and then the inversion method. (Remember, you may have to add a "t".)

Making questions

Vous avez des pommes.

Tu aimes danser.

Il prend son déjeuner.

Elle a quinze ans.

Tu parles anglais.

Elle est dans le jardin.

Vous avez des chambres.

Question words

pourquoi, why
quand, when
où, where
qui, who
que, what
comment, how

All these words can be put in front of *est-ce que* or an inversion. When *que* is next to a verb beginning with a vowel, you drop the "e" and join the words with an apostrophe. For example: que + est-ce que = qu'est-ce que
que + avez-vous = qu'avez-vous

Find the missing words

All these speech bubbles have missing words. You can find them in the list of question words above. Try to work out which ones go in each bubble.

— est le château?

— ça va?*

— ris-tu?

— est-ce que vous désirez?

— est-elle?

10

*This is an expression, meaning "How are you?".

Quel, quelle, quels and quelles

Quel is another question word, meaning "what" or "which". It is not used in front of *est-ce que*. Like an adjective, it changes according to the gender and quantity of the noun being referred to. For example:

___ surprise (f)!

___ est le nom de cette rue?

Quelle heure (f) est-il?

Quel âge (m) as-tu?

___ fleurs (f.pl.) préférez-vous?

Quels sports (m.pl.) pratiquez-vous?

Fill in the missing words above, using *quel, quelle, quels* or *quelles*.

Answering questions

If a question begins with "*Qu'est-ce que c'est . . .*", the answer always begins with "*C'est . . .*" ("It is . . ."). For example:

If a question is about a specific thing, you answer with *il* or *elle*, depending on its gender. For example:

Qu'est-ce que c'est?
What is it?

C'est un chien.
It's a dog.

Où est la bicyclette?
Where is the bicycle?

Elle est dans la rue.
It's in the street.

France quiz

See if you can answer these questions in French, using the map to help you. If there are any words you don't know, you can look them up at the back.

1. Quelle est la capitale de la France?
2. Est-ce que les Pyrénées sont près de l'Espagne ou près de l'Italie?
3. Où est-ce qu'on peut skier, à Bordeaux ou à Chamonix?
4. Où est la Tour Eiffel?
5. Qu'est-ce que c'est, la Seine?
6. Qu'est-ce que c'est, le Mont Blanc?
7. Où est-ce qu'on peut trouver des vignobles?
8. A côté de quel fleuve est-ce qu'on peut trouver beaucoup de châteaux?

vignoble (m), vineyard
fleuve (m), river
trouver, to find
montagne (f), mountain

Calais
La Tour Eiffel
Dieppe
la Seine
Lille
Mont Saint Michel
Paris
Dijon
Le Mans
la Loire
les Alpes
Bourgogne*
le Puy
Lyon
Chamonix
le Pont du Gard
le Mont Blanc
Bordeaux
la Carmargue
le Rhône
Biarritz
Marseille
Nice
les Pyrénées
la Mer Méditerranée

11

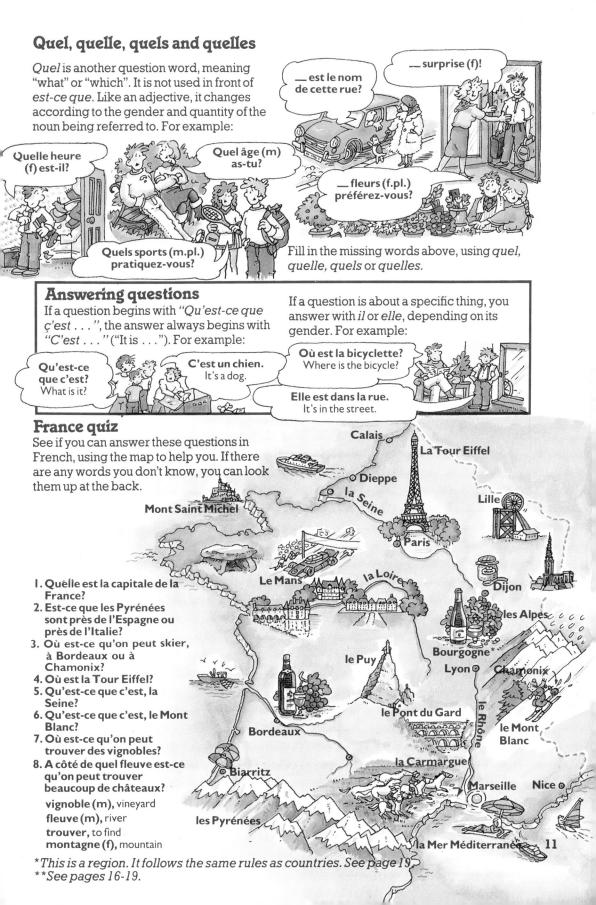

*This is a region. It follows the same rules as countries. See page 19.
**See pages 16-19.

Negatives

To say something in the negative in French you need two words, one on each side of the verb. The words for "not" are *ne. . . pas*. The *ne* (or *n'* if the verb begins with a vowel* or an "h") goes before the verb and the *pas* follows the verb. French people sometimes leave out *ne* when they are speaking, but you should always put it in when you are writing.

> **Je ne suis pas française.**
> I am not French.

True or false?

> Calais est la capitale de la France.
> Napoléon est le président de la France.
> Les chameaux habitent au Pôle Nord.
> Le camembert est un fromage.
> Six et sept font treize.
> La Tour Eiffel est à Boulogne.

Brigitte is very bad at general knowledge, and most of the things she has written here are wrong. Can you spot which ones they are and correct them by putting them in the negative? Which statements are correct?

Here are some examples of negative words other than *pas*.

> **Je n'ai rien à déclarer.**
> I have nothing to declare.

> **Mon père ne travaille plus.**
> **Je ne travaille jamais le dimanche.**
> My father doesn't work any more.
> I never work on Sundays.

> **Je ne vois personne.**
> I don't see anybody.

> **Je n'ai que cinq ans.**
> I am only five years old.

> **Je n'aime ni le vin ni la bière.**
> I like neither wine nor beer.

In the mountains

Can you find the missing negatives in this letter?

> Le soir, dans la montagne, il n'y a presque____. On ne voit____ les moutons et les oiseaux. On n'entend____ les voitures,____ les radios. Il n'y a____ qui nous dérange. Je ne veux____ rentrer à la ville.

*For more about vowels, see page 2.

Find the answers

Can you work out how to answer these questions using negatives? The English words in the speech bubbles are to show you which kind of negative to use.

1 Vous avez tort!* (Never)

2 Est-ce qu'il y a quelqu'un à la maison? (Nobody.)

3 Qu'est-ce qu'il y a à manger? (Nothing.)

Avez-vous dix francs? (Only two.)

6 Avez-vous froid? (No longer.)

4 Est-ce que tu aimes le football? (No.)

5

7 Avez-vous faim? (No longer)

Changing to de

The words *un, une, du, de la* or *des*** change to *de* or *d'* if they are preceded by a negative. For example:

Je voudrais du café et des croissants, s'il vous plaît.
I would like some coffee and croissants please.

Je regrette, je n'ai plus de café, ni de croissants, Monsieur.
I'm sorry, I've got no more coffee or croissants.

The shopkeeper's problem

Imagine you are a shopkeeper. Someone is asking you for a whole list of things you haven't got. Can you answer in French, with a complete sentence for each request.

Est-ce que vous avez du pain?

Non, je n'ai plus de pain.

. . .un stylo?
. . .de l'essence?
. . .des poires?
. . .du thé?

Starting sentences with negatives

You can begin sentences with a negative word such as *rien* or *personne*, but you still have to put *ne* before the verb. For example:

Personne ne gagne.
Nobody is winning.

Acrostiche puzzle

To spell out the name of a French city, translate the clues into French, leaving out *ne*. This kind of puzzle is called an *acrostiche* in French.

1. Nobody
2. Never
3. Nothing
4. Neither . . . nor
5. No longer

*See page 8.
**See pages 16-17 for more about du, de la and des.

The time and weather

Here you can practise telling the time in French.

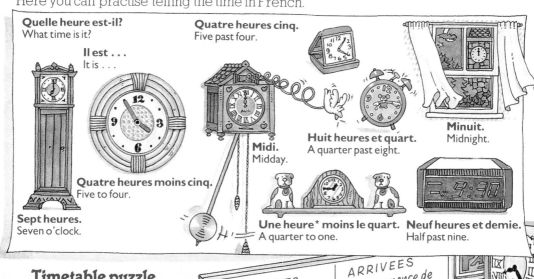

Quelle heure est-il?
What time is it?

Il est . . .
It is . . .

Quatre heures cinq.
Five past four.

Huit heures et quart.
A quarter past eight.

Minuit.
Midnight.

Midi.
Midday.

Quatre heures moins cinq.
Five to four.

Sept heures.
Seven o'clock.

Une heure* moins le quart.
A quarter to one.

Neuf heures et demie.
Half past nine.

Timetable puzzle

Georges Lafarge and his gang have been planning a train robbery, using an out-of-date timetable. The times that they believe the trains are arriving and departing are listed below. Using the departure board, can you give the correct times?

DEPARTS A destination de		ARRIVEES En provenance de	
Grenoble	9.05	Boulogne	9.00
Annecy	10.25	Rouen	9.20
Strasbourg	10.55	Caen	10.15
Reims	11.10	Dieppe	10.25
Nancy	11.55	Brest	11.05
Dijon	12.30	Amiens	10.

Le train de Boulogne arrive à neuf heures dix.

Le train de Rouen arrive à dix heures et quart.

Le train de Caen arrive à onze heures moins vingt.

Le train pour Dijon part à midi.

Le train pour Strasbourg part à onze heures et demie.

Le train pour Grenoble part à neuf heures vingt cinq.

A quelle heure le train pour Annecy part-il, s'il vous plaît?

A dix heures et demie, Madame.

A woman is asking the time of the train for Annecy. Is she being given the right answer?

More time puzzles

A quelle heure la banque ouvre-t-elle le matin?

heures d'ouverture 9ʰ à 12ʰ 14ʰ à 19ʰ

Il est midi vingt. Est-ce que la banque est ouverte ou fermée?

Quand est-ce que le match commence?

Dans dix minutes.

Can you answer these people's questions in French?

What time will it be when the match begins?

*Notice that there is no "s" at the end of "une heure".

Television quiz

Here is a list of programmes on TFI, one of the four channels on French television. Can you answer the children's questions in French, using the list of programmes?

Il est neuf heures. Qu'est-ce qu'on peut voir?

Mon émission préférée est à huit heures et demie. Qu'est-ce que c'est?

Qu'est-ce qu'on peut voir à sept heures moins le quart?

"La Vie des Animaux", c'est à quelle heure?

A quelle heure commence le match de Football?

TELE POCHE

LES PROGRAMMES DE TFI

6.45
Le Hit-Parade: les chansons de la semaine.

7.15
La Vie des Animaux: documentaire sur les éléphants.

8.00
Le Journal Parlé: actualités politiques.

8.30
Le Match: de Football France-Angleterre.

9.20
Film d'horreur: Le Fantôme.

The weather

Here are some different ways of describing the weather. The verb *faire** (to make or do) is often used.

Il fait beau.
It's fine.

Il fait chaud.
It's hot.

Il fait froid.
It's cold.

Il fait du vent.
It's windy.

Il neige.
It's snowing.

Il pleut.
It's raining.

Il y a des nuages.
It's cloudy.

Il y a du brouillard.
It's foggy.

The weather forecast

Here you can see the weather forecast in pictures. Can you say what the weather is like in each of these places?

En Angleterre . . .

A Paris . . .

Dans les Alpes . . .

En Espagne . . .

A Marseille . .

En Italie . . .

Quel temps fait-il?
What's the weather like?

See page 40 for the different parts of the verb faire.

De and à

The words *de* and *à* have lots of different uses. They are often followed by a definite article (*le, la* or *les*). In the case of *le* and *les*, the words change to form a single new word. Here you can see how.

à + le = au
à + la = à la   To, at,
à + les = aux   in, with
à + l' = à l'

de + le = du
de + la = de la   Of, from,
de + les = des   some
de + l' = de l'

Using à

These are the different ways you can use *à*.

Je vais au café.
I am going to the café.

Il travaille au bureau.
He is working at the office.

Descriptions

You can also use it in descriptions. For instance: *la dame à la robe jaune* (the woman in the yellow dress). Try making phrases to describe these people.

la barbe noire
le chapeau rouge
le nez rouge
le clown
le grand pantalon

Using de

These are the different ways of using *de*.

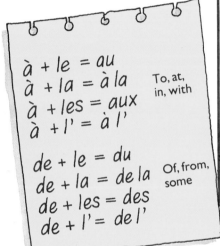

Le château du roi.
The castle of the king (or the king's castle).

Vin du pays.
Wine of the region (local wine).

Je voudrais du pain.
I would like some bread.

Il vient de la gare.
He is coming from the station.

Signs

The words *du, de la* and *des* are missing from these signs. Can you guess which goes where? If you don't know the gender of the words, you can look it up at the back.

CAFÉ ... GARE

RUE .... FLEURS

Plat Jour
... PRIX 25.50 FR

l'eau minérale
la limonade
le café

la tarte aux pommes
le beurre
la confiture

Pains

The French also use *à* to describe where they have a pain or an ache.

J'ai mal à l'estomac.
I have a stomach ache.

How would you say that you had a pain in all these parts of the body?

la tête

le doigt

le poignet

le genou

les pieds

Job puzzle

Here are some people with different jobs. Their workplaces are all listed below. Can you match them up? Example: *Le jardinier travaille au jardin.*

le chef

le jardinier

le mécanicien

l'agent de police

le fermier

l'infirmière

le boulanger

Places of work: **la ferme, le garage, la boulangerie, le jardin, le commissariat de police, l'hôpital, le restaurant.**

Menus

Menus often include the word *à* to describe what things are made of. For example: *la tarte aux pommes* (apple tart). Can you fill in the gaps in this menu, using *à la, au, à l'* or *aux*?

What's for lunch?

Henri is having a picnic lunch. Can you describe what there is to eat, using *du, de la* and *des*? (Start by saying *Il y a . . .*)

les bananes

les pêches

les raisins

la soupe

la salade

la moutarde

le pain

le saucisson

le pâté

le fromage

Menu

Coq au Vin
Chicken in wine

Canard＿cerises (pl)
Duck with cherries

Omelette＿champignons (pl)
Mushroom omelette

Saumon＿＿oseille (f)
Salmon with sorrel sauce

Mousse＿chocolat (m)
Chocolate mousse

Tarte＿fraises (pl)
Strawberry tart

17

De and à (2)

Find the famous sight

Jean and François have been set the task of locating famous landmarks in Paris. To save time they have hired a helicopter to fly around the city. Can you help them by filling in the words missing from the cards in the picture, using the most suitable place name or phrase from the list below. (In some cases there is more than one possible answer.) Each dash represents one word.

en face de, opposite
près de, near   **derrière,** behind
à côté de, next to **entre,** between
à gauche de, on the left of
à droite de, on the right of

Where are they going?

Using *à* and *de*, describe what's happening in each picture strip. For example:
"Henri va* de la gare à l'hôtel."

la gare

l'hôtel

Henri **1**

l'Opéra

Monsieur et Madame Barges

le restaurant

2

St. Augustin
(Church)

La Gare Saint-Lazare
(Station)

L'Arc de Triomphe
(Built by Napoleon to celebrate military victories)

La Tour Eiffel est —— la Seine.

La Place de la Concorde
(Square where people were beheaded during the French Revolution)

La Madeleine
(Church)

Le Musée d'Art Moderne

Le Grand Palais

Les Jardins des Tuileries
(Gardens built on site of *tuilerie* – tile-making factory)

Le Petit Palais

La Seine

La Tour Eiffel
(Metal tower built for Great Exhibition of 1889. Until 1930, the world's tallest building)

Le Grand Palais est —— le Musée d'Art Moderne et le Petit Palais.

Le Palais Bourbon

Le Grand Palais est —— Petit Palais.

Les Invalides
(Napoleon's tomb)

La Madeleine est —— l'Opéra.

L'Arc de Triomphe est —— Panthéon.

—— est derrière la Sorbonne.

La Tour Montparnasse
(Tallest skyscraper in Paris)

18

*You can find out about the verb "to go" on page 40.

les jardins   Hélène   **3**   la cathédrale

le parc   Pierre   **4**   la Tour Eiffel

l'école   Luc   **5**   le café

To and from countries

With feminine countries (ones ending with an "e"), "to", and "in" are translated by *en*. For example, you would say: *Je vais en France.* (I am going to France) and *"Il habite en France."* (He lives in France.) "From" is translated by *de* alone. With masculine countries you use *au* and *du*. So you say *"Je vais au Canada."* (I am going to Canada.) and *"Je viens du Canada."* (I come from Canada.).

TO/IN	FROM	
EN	**DE**	Feminine countries
AU	**DU**	Masculine countries
AUX	**DES**	Plural countries

Jean is trying to match these cities with the countries below. Can you do it for him? (For example: *Paris est en France.*)

Istamboul   Sophia

New York   Reykjavik

Lisbonne

Moscou   Lagos

Tokyo

Berlin   Amsterdam

Le Musée du Louvre est ____ Jardins des Tuileries.

L'Opéra

La Bibliothèque Nationale est ____ Palais Royal.

Le Palais Royal
(Palace originally lived in by Cardinal Richelieu, Louis XIII's minister)

La Bibliothèque Nationale
(National Library)

Le Centre Pompidou
(Cultural centre)

Le Musée du Louvre
(Louis XIV's palace before Versailles was built)

La Conciergerie
(Prison where Queen Marie-Antoinette was imprisoned during the French Revolution)

La Sainte Chapelle
(Chapel famous for its stained glass windows. Built in 1248 by Louis IX)

Notre Dame
(Cathedral dating back to 1163)

Les Jardins du Luxembourg
(Gardens. Well-known puppet show on Thursday afternoons)

La Sorbonne
(University of Paris, founded in 1253)

Le Panthéon
(Church where great Frenchmen are buried)

L'Allemagne

Le Portugal   La Bulgarie

L'URSS

La Turquie   Le Nigéria

Le Japon   Les Pays-Bas

Les Etats-Unis   L'Islande

19

Comparatives

Comparatives are words like "bigger" or "as big as", which compare something with something else. A comparative adjective, like other adjectives, has to agree with the person or object it describes. A comparative adverb describes an action or verb, and does not have to agree. Most French comparatives consist of two words. They are formed by putting *plus* (more) or *moins* (less) in front of the word. Words like "biggest" or "fastest" are called superlatives. To form a superlative, you add the definite article (*le, la* or *les*, depending on the number and gender) in front of *plus* or *moins*.

Robert

Mon assiette* est plus grande que celle d'Hubert et plus petite que celle de Robert.

J'ai la plus petite assiette.

une assiette

Hubert

Berthe

J'ai la plus grande assiette.

Here is an example, in a scene from Goldilocks. In the French version, the three bears are called Berthe, Robert and Hubert.

Chart of comparatives

Adjective	Comparative	Superlative
grand big	plus grand que . . bigger than . . .	le plus grand (de) the biggest (of)
fort strong	moins fort que . . weaker than . . .	le moins fort (de) the weakest
petit small	aussi petit que . . as small as . . .	
Irregular adjectives		
bon good	meilleur better	le meilleur the best
mauvais bad	pire worse	le pire the worst
Irregular adverbs		
bien well, fine	mieux better	le mieux the best
peu few or little	moins less or fewer	le moins least or fewest

Fairy tale puzzles

Here are some lines from the French versions of well-known fairy tales. Can you fill in the missing phrases, by choosing a phrase from the list at the end of the puzzle?

Miroir, miroir magique, qui est __ __ __ du royaume?

Vous êtes __ __ __ prince du monde.

Make your own comparatives

Can you think up sentences to compare the things shown in each of these bubbles? There are adjectives or adverbs in the pictures to help you.

vite / fast — l'avion

la voiture

le château — grand / big

la maison

froid / cold — la glace

la soupe

le vin

Pierre — Grand-mère / jeune / young

fort / strong — le cognac

20

*Assiette takes "mon", although it is feminine, because it begins with a vowel.

More comparatives

None of the people in these pictures knows how to form irregular comparatives, so they've used the English words instead. Can you correct them?

Comparative riddles

Qu'est-ce qui est le plus lourd – un kilo de plomb ou un kilo de plumes?

le plomb, lead

une plume, a feather

Deux Arabes sont assis sur les dunes du désert et regardent l'horizon. Le plus jeune est le fils de l'autre, qui, cependant, n'est pas son père. Comment est-ce possible?

Acrostiche puzzle

If you translate these clues into French, you will spell out, vertically, the name of the man who wrote Cinderella, Puss in Boots, Tom Thumb, Red Riding Hood and Bluebeard. He was French and lived in the 17th century.

More
Better (adj)
Worse (adj)
Big
The worst (f)
As . . . as
More
Fast

21

*Be careful! If "better" is a comparative of "good", use "meilleur". If it's a comparative of "well", use "mieux".

Possessive adjectives

Possessive adjectives are words such as "my", "your", "his" and "her". In French they agree with the gender of the noun that follows them, rather than the sex of the owner. For instance, the word for house – *maison* – is feminine. So "his house" and "her house" are both translated by the same words – *sa maison*.

	masculine	feminine	plural		masculine	feminine	plural
my	**mon**	**ma**	**mes**	our	**notre**	**notre**	**nos**
your	**ton**	**ta**	**tes**	your	**votre**	**votre**	**vos**
his, her, its	**son**	**sa**	**ses**	their	**leur**	**leur**	**leurs**

Ma, ta and *sa* are not used before a vowel or a silent "h". The masculine form is used even if the noun is feminine. For example: *son école*. This makes the words easier to say.

Family puzzle

This is Chantal and some of her family. Can you fill in the missing possessive adjectives?

Ses livres Her books

Son chien Her dog

Sa bicyclette Her bicycle

__ **père** Her father

__ **frère** Her brother

__ **soeur** Her sister

cousin et __ **cousine** Her cousins

__ **tante** His aunt

This is Etienne and some of his family.

__ **mère** His mother

__ **oncle.** His uncle.

__ **grand-mère** His grandmother

Here are some more words concerning families.

le neveu, nephew
la nièce, niece
le fils, son

la fille, daughter
le mari, husband
la femme, wife

le rapport, relationship
l'époux (m), spouse
l'épouse (f)

Poster puzzle

This poster is advertising a French town, describing what there is to see and do there. All the words for "its" are missing. Can you put them in?

BIENVENUE À BELLEVILLE

Son climat
...histoire (f)
...cuisine (f)

Visitez son château
...grottes (pl)
...musées (pl)
...jardin botanique (m)
...abbaye (f)
...église (f)

Napoleon's family tree

Here is part of the family tree of Napoleon Bonaparte, who ruled France over 150 years ago.

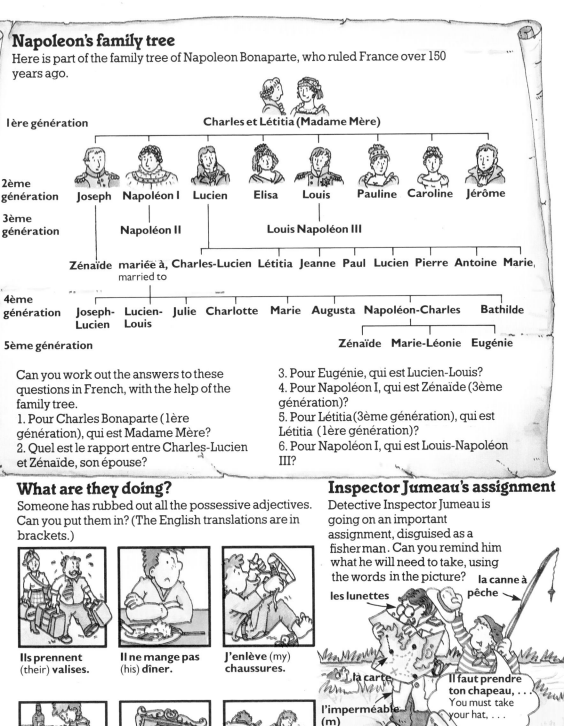

1ère génération	**Charles et Létitia (Madame Mère)**
2ème génération	Joseph　Napoléon I　Lucien　Elisa　Louis　Pauline　Caroline　Jérôme
3ème génération	Napoléon II　　　　Louis Napoléon III

Zénaïde mariée à, Charles-Lucien Létitia Jeanne Paul Lucien Pierre Antoine Marie,
married to

4ème génération	Joseph-Lucien　Lucien-Louis　Julie　Charlotte　Marie　Augusta　Napoléon-Charles　Bathilde
5ème génération	Zénaïde　Marie-Léonie　Eugénie

Can you work out the answers to these questions in French, with the help of the family tree.

1. Pour Charles Bonaparte (1ère génération), qui est Madame Mère?
2. Quel est le rapport entre Charles-Lucien et Zénaïde, son épouse?
3. Pour Eugénie, qui est Lucien-Louis?
4. Pour Napoléon I, qui est Zénaïde (3ème génération)?
5. Pour Létitia (3ème génération), qui est Létitia (1ère génération)?
6. Pour Napoléon I, qui est Louis-Napoléon III?

What are they doing?

Someone has rubbed out all the possessive adjectives. Can you put them in? (The English translations are in brackets.)

Ils prennent (their) **valises.**

Il ne mange pas (his) **dîner.**

J'enlève (my) **chaussures.**

Il casse (his) **verre.**

Elle porte (her) **portrait.**

Nous faisons (our) **études.**

Inspector Jumeau's assignment

Detective Inspector Jumeau is going on an important assignment, disguised as a fisherman. Can you remind him what he will need to take, using the words in the picture?

les lunettes

la canne à pêche

la carte

l'imperméable (m)

le carnet

Il faut prendre ton chapeau, . . .
You must take your hat, . . .

les jumelles

l'appareil photographique (m)

23

Reflexive verbs

A reflexive verb is a verb which includes a pronoun, such as "myself" or "yourself", which "reflects back" the subject of the verb. This means that the subject and the object are the same.

For example, "to wash oneself" is a reflexive verb.

Il se lave.
He is washing himself.

With an ordinary verb, the subject and object are different. For example:

"He" is the subject and "car" is the object.

Il lave la voiture.
He is washing the car.

How to form reflexive verbs

French reflexive verbs are formed just like ordinary verbs, except that there is a small word, called a pronoun, between the subject and the verb.

Se laver, to wash oneself
Je me lave
I am washing myself
Tu te laves
You are washing yourself
Il se lave
He is washing himself
Elle se lave
She is washing herself
On se lave
One is washing oneself

Nous nous lavons
We are washing ourselves

Vous vous lavez
You are washing yourself/yourselves

Ils/Elles se lavent
They are washing themselves

(*Ils se lavent* can also mean "They are washing each other.")

Using negatives

To use a reflexive verb in the negative, you put the *ne* between the subject and the pronoun, and the *pas* after the verb.
Je ne me lève pas. I am not getting up.

What's happening in the picture?

Some of the people in this picture have numbers next to them. Can you think of a phrase to describe what each of them is doing, using the reflexive verbs in the list on page 25?

QUAI 2

Sacrebleu! Jeune homme, vous exagérez!

J'ai froid.

Pas du tout! C'est vous!

C'est trop tard!

Nous sommes incognito.

For example:
Il se repose.
He is resting.

Post card puzzle

Cher Jean-Pierre,

Nous _ _ bien ici.
Est-ce que tu _ _
chez toi? On _ _
très tôt le matin, et
_ _ très tard le soir.
Je _ _ si tu _ _
Pascal? Son frère
est ici et il _ _ Luc.
A bientôt, Laurence

Jean-Pierre Laval,
11 Rue des Oliviers,
74000 Annecy

Laurence is on holiday in Brittany and is writing to her friend Jean-Pierre. As a joke, she has left out parts of the verbs. Can you guess what they might be, again using the verbs at the bottom of the page. (Each dash represents one word.)

The story of Bernadotte

Bernadotte was one of Napoleon's most famous generals. He rose to power and eventually became king of Sweden. However, during the French revolution, he was imprisoned and nearly went to the guillotine.... Follow this story to see how he escaped.

En 1791, sous la Révolution, Bernadotte est prisonnier. Il va bientôt aller à la guillotine et il se demande si la fin est proche....

Tenez! Voilà de quoi manger.

Merci. J'ai tellement faim.

Soudain, on frappe à la porte. C'est Madame Bernadotte qui apporte des provisions, parce qu'elle se dit que son mari a faim.

Que faites-vous?

Bernadotte se jette sur le fromage et les fruits. Madame Bernadotte se déshabille. Surpris, Bernadotte s'arrête de manger.

Adieu, adieu.

Madame Bernadotte demande à son mari de se taire et de se déshabiller. Ils échangent leurs vêtements. Quand le garde rentre dans la cellule, c'est Bernadotte qui part avec lui. Il est sauvé!

Le soir, le garde apporte une mauvaise soupe. Il s'aperçoit alors qu'une femme est dans la cellule. Il s'écrie!

Il est parti!

Où est le prisonnier?!

Bientôt, on laisse Madame Bernadotte partir, elle aussi.

Here are some useful reflexive verbs.

se déguiser, to disguise oneself
se disputer, to argue
se gratter, to scratch oneself
se reposer, to rest
se réchauffer, to warm oneself
se regarder, to look at oneself
se demander, to wonder
se tromper, to make a mistake

se lever, to get up
se dépêcher, to be in a hurry
se coucher, to go to bed
s'amuser, to enjoy oneself
se rappeler, to recall
se déshabiller, to get undressed
s'habiller, to get dressed
s'appeler, to be called, named

s'asseoir, to sit down
s'arrêter, to stop
s'intéresser à, to be interested in
se taire, to keep quiet
se dire, to tell oneself
s'apercevoir, to notice
s'écrier, to cry out
se rencontrer, to meet

Imperatives

You use the imperative tense to give an order, such as "Stop!", or to make a request or suggestion, such as "Come here!" or "Let's go!". There are only three forms of imperative: *tu, vous* and *nous*. It is just like the present tense*, without the subject pronouns (*tu, vous*, etc), except that with "er" verbs the *tu* form ends with an "s" and the imperative does not.

Chante! Sing! (s)

Chantez! Sing! (pl)

Chantons! Let's sing!

Irregular imperatives

avoir, to have: **aie ayons ayez**
être, to be: **sois soyons soyez**
savoir, to know: **sache sachons sachez**
aller, to go: **va allons allez**

Reflexive imperatives

Dépêchez-vous! Hurry up!

Dépêchons-nous! Let's hurry up!

Dépêche-toi! Hurry up!

Croque-Monsieur recipe

Here is a recipe for a *Croque-Monsieur,* a French toasted sandwich. All the verbs have been left in brackets in the infinitive. Can you work out what the endings should be?

Recipe words

râper, to grate
couvrir, to cover
ajouter, to add
beurrer, to butter
tranche (f), slice
couper, to cut
mettre, to put

Recette pour deux personnes

4 tranches de pain de mie
4 slices of soft white bread
50 grammes de beurre
50 grammes of butter
2 tranches de jambon
2 slices of ham
100 grammes de fromage
100 grammes of cheese
le sel   **le poivre**
salt   pepper
le paprika
paprika

Methode:

Bon appétit!

1. (Couper) le pain de mie en tranches et (beurrer) les tranches largement. (Râper) tout le fromage.

2. (Prendre**) deux tranches de pain pour chaque personne. (Couvrir**) une des tranches avec le jambon.

3. (Ajouter) le fromage, sel, poivre et paprika. (Couvrir) avec la deuxième tranche de pain.

4. (Mettre) les Croque-Monsieur au grill pendant 5 minutes.

Franglais puzzle

Along the French coast you sometimes see small planes advertising places to visit or things to do. The advertisements here have been written in "franglais" for the benefit of the English tourists. Can you translate them into proper French? If there are any words you don't know you can look them up at the back of the book.

*For how to form the present tense, see pages 6–7.   **Prendre and couvrir are irregular verbs. Look them up in a verb table.

Treasure hunt

Jean-Luc has come across a secret document describing where a famous robber has hidden his treasure. Follow the instructions on the right to find out where it is. When you get there, you meet an old man who is trying to find his way to the Grand Hotel. Can you direct him in French, as if you were facing the port?

Commencez au vieux port. Marchez vers le commissariat de police. Après le commissariat, tournez à droite. Prenez la première rue à droite et puis la première à gauche. Continuez tout droit*. L'endroit que vous cherchez est à gauche, au coin de la rue.

Who is saying what?

All the speech bubbles in these pictures have been mixed up. Can you decide which pictures they belong to?

*This means "straight on". **With reflexive imperatives, you use te instead of toi, before a negative or a verb in the infinitive.

Aller and venir

The verb *aller**, followed by an infinitive, can be used as a sort of future tense, just as you use "to be going to" in English. For example: ▶

> **Je vais visiter le château.**
> I am going to visit the chateau.

Aller + infinitive

> **Je viens d'acheter une voiture.**
> I have just bought a car.

Venir + de + infinitive

◀ In the same way, *venir**, followed by *de* and an infinitive, is used like a past tense. It means "to have just".

> **Elle est en train de tricoter une écharpe.**
> She is (in the process of) knitting a scarf.

The phrase *être en train de*, followed by an infinitive, means "to be in the middle of" or "in the process of" doing something. For example: ▶

Etre + en train de + infinitive

The travelling reporter

Edouard Rocher is a reporter. He is travelling around France interviewing people. Try to think of an answer to his questions, for each of the people shown in the pictures.

> **Qu'est-ce que vous êtes en train de faire?**

nager, to swim

faire la voile, to go sailing

manger une glace, to eat an ice cream

jouer aux cartes, to play cards

jouer au football, to play football

lire un journal, to read a newspaper

> **Qu'est ce que vous venez de faire?**

faire des courses, to do the shopping

voir un film, to see a film

aller chez le coiffeur, to go to the hairdresser

glisser sur une peau de banane, to slip on a banana skin

gagner le gros lot, to win the lottery

> **Qu'est ce que vous allez faire?**

cueillir les raisins, to pick grapes

conduire le tracteur, to drive the tractor

monter à cheval, to go riding

monter en voiture, to get into the car

donner à manger, to feed

28

*Aller and venir are irregular. See page 40.

The travel agency puzzle

These people are all describing where they are going on holiday. Can you match up their descriptions with the posters on the wall?

> Je vais passer quinze jours dans un pays très chaud. Je vais nager tous les jours et je vais manger les noix de coco.

> Je vais voir les pyramides et des chameaux. Je vais faire un voyage en bateau le long du Nil.

> Nous allons visiter une cité très ancienne. Nous allons voir beaucoup de ruines.

> Nous allons beaucoup marcher dans les forêts et les montagnes. Je vais prendre des photos et mon mari va regarder les oiseaux.

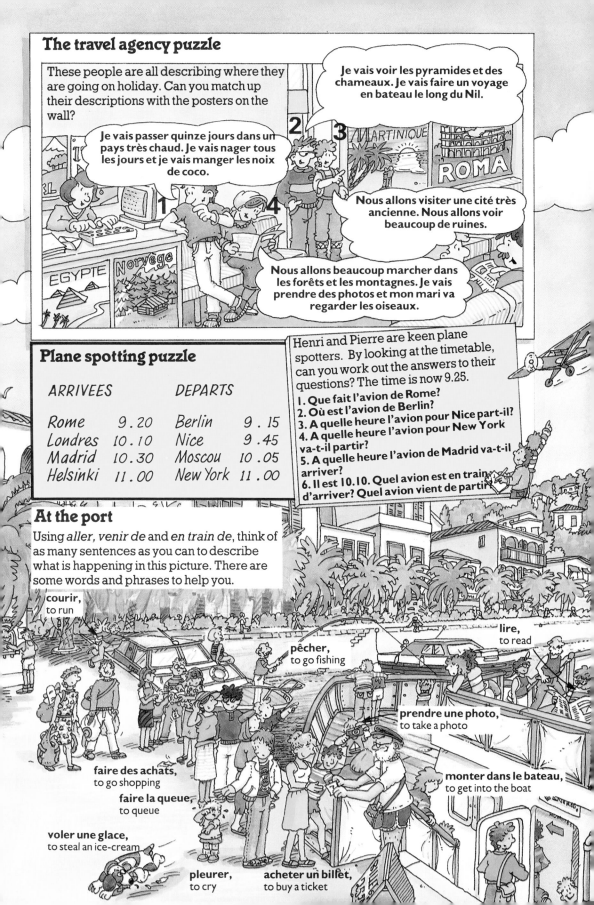

Plane spotting puzzle

ARRIVEES		DEPARTS	
Rome	9.20	Berlin	9.15
Londres	10.10	Nice	9.45
Madrid	10.30	Moscou	10.05
Helsinki	11.00	New York	11.00

Henri and Pierre are keen plane spotters. By looking at the timetable, can you work out the answers to their questions? The time is now 9.25.

1. Que fait l'avion de Rome?
2. Où est l'avion de Berlin?
3. A quelle heure l'avion pour Nice part-il?
4. A quelle heure l'avion pour New York va-t-il partir?
5. A quelle heure l'avion de Madrid va-t-il arriver?
6. Il est 10.10. Quel avion est en train d'arriver? Quel avion vient de partir?

At the port

Using *aller*, *venir de* and *en train de*, think of as many sentences as you can to describe what is happening in this picture. There are some words and phrases to help you.

courir, to run

lire, to read

pêcher, to go fishing

prendre une photo, to take a photo

faire des achats, to go shopping

monter dans le bateau, to get into the boat

faire la queue, to queue

voler une glace, to steal an ice-cream

pleurer, to cry

acheter un billet, to buy a ticket

The past tense

The most common past tense in French is called the *passé composé*. It is used to describe short actions, such as "I have broken my leg" or "He went to America", rather than continuous actions such as "She was sleeping" or "We were singing". The *passé composé* is formed from the present tense of *avoir* or *être*, followed by the past participle of the verb. A past participle is a word like "broken", or "been".

How to form the past participle

ER verbs	IR verbs	RE verbs
Chop off the "er". Add "é"	Chop off the "ir". Add "i"	Chop off the "re". Add "u"
e.g. *Mangé*	e.g. *Fini*	e.g. *Vendu*
Eaten	Finished	Sold

Verbs with avoir

Most verbs take *avoir*, just as in English the verb "to have" is used.

J'ai mangé
I have eaten or I ate
Tu as mangé
You have eaten
Il/Elle a mangé
He/She has eaten

Nous avons mangé
We have eaten
Vous avez mangé
You have eaten
Ils/Elles ont mangé
They have eaten

Verbs with être

All reflexive verbs* take *être*, and so do thirteen other verbs. The first letters of these verbs spell out "MR DAMP'S TAVERN". (This may help you to remember them.) The verbs are: *monter* (to go up),

Je suis allé
I have gone or I went
Tu es allé
You have gone
Il est allé
He has gone
Elle est allée
She has gone

Nous sommes allés
We have gone
Vous êtes allés
You have gone
Ils sont allés
They have gone (m)
Elles sont allées
They have gone (f)

rester (to stay), *descendre* (to go down), *aller* (to go), *mourir* (to die), *partir* (to leave), *sortir* (to go out), *tomber* (to fall), *arriver* (to arrive), *venir* (to come), *entrer* (to enter), *retourner* (to return), *naître* (to be born). The participles of verbs that take *être* have to agree with the subject of the verb, just as adjectives do.

With reflexive verbs, the pronoun comes between the subject and both parts of the verbs. For example: *Je me suis levé* (I got up).

The puppet show

The *passé composé* is the tense you would use to describe the main actions in a play – a succession of events that are short-lived. Here is a description of what is happening in this puppet show about Guignol, the French version of Punch. Can you change it into the past?

le fruitier le gendarme Guignol La femme de Guignol le chien les bananes

La femme de Guignol vole les bananes du fruitier. Le fruitier appelle le gendarme. Le gendarme bat Guignol. Le chien mord le gendarme. Guignol part avec le chien. Guignol et sa femme mangent les bananes.

30

*See page 24 for more about reflexive verbs.

Inspecteur Jumeau investigates

Hotel Metropole

There has been a burglary at the hotel and one of the maids has been murdered. Inspecteur Jumeau has been interrogating the guests. Their replies are shown inside the bubbles. Can you turn them into proper sentences?

Théâtre

Lu un roman

Disco

Qu'est-ce que vous avez fait hier soir?

A quelle heure êtes-vous rentrés chez vous?

Est-ce qu'on a volé quelque chose de vos chambres?

Où avez-vous mis ces bijoux?

French history quiz

Etienne is supposed to write an essay on French history. He has been given a list of important events, but unfortunately the dates and events are all mixed up. Can you sort them out for him, changing the account into the past tense at the same time?

52BC La Révolution Française a lieu*.

1643 La Deuxième Guerre Mondiale commence.

1789 Vercingétorix, le chef des Gaulois, se bat contre César.

1812 Louis XIV devient roi.

1066 Napoléon fait la guerre contre les Russes.

1801 Les Normands arrivent en Angleterre.

1939 Napoléon devient empereur.

Past participles of some irregular verbs

avoir:eu (to have)	mourir:mort (to die)	conduire:conduit (to drive)
être:été (to be)	savoir:su (to know)	battre:battu (to beat)
pouvoir:pu (to be able)	voir:vu (to see)	mordre:mordu (to bite)
vouloir:voulu (to want)	faire:fait (to do, make)	prendre:pris (to take)
devoir:dû (to owe, must)	mettre:mis (to put)	apprendre:appris (to learn)
naître:né (to be born)	ouvrir:ouvert (to open)	comprendre:compris (to understand)

*This is part of the verb "avoir lieu", meaning "to take place".

31

The imperfect tense

The imperfect tense is the tense you use to describe actions in the past that lasted a long time, or things that happened frequently. For example:

Quand j'avais cinq ans, nous habitions au bord de la mer.
When I was five, we lived by the sea.

Chaque dimanche, nous faisions de la voile.
Every Sunday, we went sailing.

How to form the imperfect tense

To form the imperfect, you take the "nous" form of the present tense and remove the *ons*. Then add:

ais	ions
ais	iez
ait	aient

For example: *finir (finissons)*

Je finissais	**Nous finissions**
Tu finissais	**Vous finissiez**
Il finissait	**Ils finissaient**

The imperfect of *être* is an exception:

J'étais	**Nous étions**
Tu étais	**Vous étiez**
Il était	**Ils étaient**

The puppet show

On page 28, the *passé composé* was used to describe the main actions in a puppet show. The imperfect tense would be used to describe things that continued to happen – such as the sun shining or the birds singing – while the main actions were taking place. Can you change the tenses in the passage below – from the present to the imperfect – as if you were describing the scene to somebody? (Not all the verbs have to be changed.)

arbre (m), tree

magasin (m), shop

fruitier (m), fruitseller

oiseau (m), bird

pomme (f), apple

rue (f), street

C'est dans une rue animée du marché. Les magasins sont ouverts et on entend les fruitiers qui crient: "Achetez mes belles pommes!" Les oiseaux chantent dans les arbres. C'est mercredi et il fait*très beau.

mercredi, Wednesday

marché (m), market

True or false?

Which of these alternatives is correct?

1 Pendant que Rome brûlait, Néron jouait . . .

a) du violon
b) de la guitare
c) de la lyre

2 Cléopâtre aimait un homme qui s'appelait . . .

a) Alexandre
b) Antoine
c) Napoléon

See page 40 for the different parts of the verb faire.

Jean-Pierre's dream

Jean-Pierre dreamt that he travelled hundreds of years back in time, to Alsace, a region in eastern France. This is what he saw. Can you make up sentences to describe what was happening in the village? There is some vocabulary in the picture to help you.

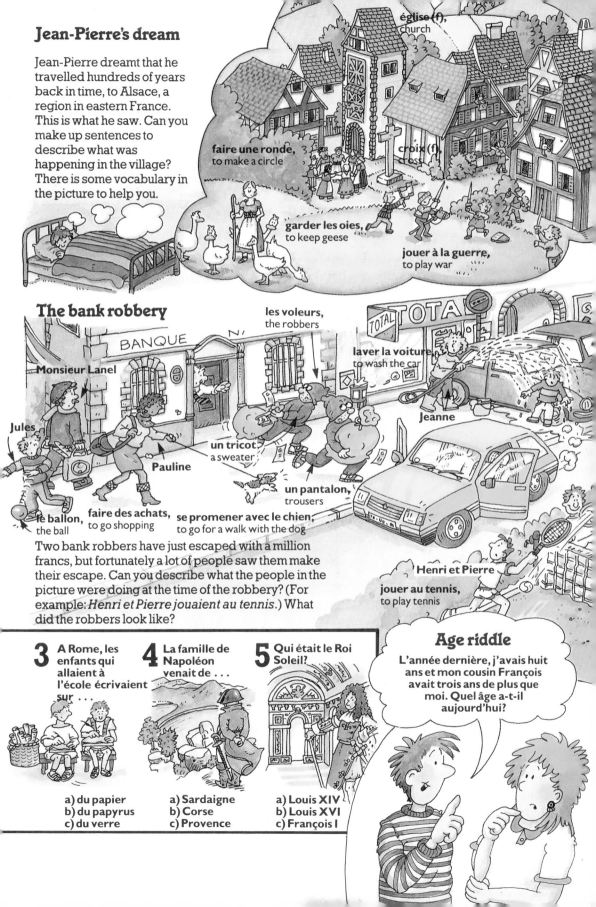

église (f), church

faire une ronde, to make a circle

croix (f) cross

garder les oies, to keep geese

jouer à la guerre, to play war

The bank robbery

les voleurs, the robbers

laver la voiture, to wash the car

Monsieur Lanel

Jeanne

Jules

un tricot, a sweater

Pauline

un pantalon, trousers

le ballon, the ball

faire des achats, to go shopping

se promener avec le chien, to go for a walk with the dog

Two bank robbers have just escaped with a million francs, but fortunately a lot of people saw them make their escape. Can you describe what the people in the picture were doing at the time of the robbery? (For example: *Henri et Pierre jouaient au tennis.*) What did the robbers look like?

Henri et Pierre

jouer au tennis, to play tennis

3 A Rome, les enfants qui allaient à l'école écrivaient sur . . .

a) du papier
b) du papyrus
c) du verre

4 La famille de Napoléon venait de . . .

a) Sardaigne
b) Corse
c) Provence

5 Qui était le Roi Soleil?

a) Louis XIV
b) Louis XVI
c) François I

Age riddle

L'année dernière, j'avais huit ans et mon cousin François avait trois ans de plus que moi. Quel âge a-t-il aujourd'hui?

More about the past tenses

On these two pages there are more puzzles on the past tenses – the *passé composé* and the imperfect.

Agreements with the passé composé

When you use the *passé composé* with verbs that take *être*, remember to make the endings of the past participles agree with the subject*.

Il est parti.
He left.

Ils sont partis.
They left.

Il s'est levé.
He got up.

Elle s'est levée.
She got up.

The two moons

Richard is writing a story on his word processor. However, the machine isn't functioning properly and the wrong endings have been put on some of the past participles. There are seven mistakes. Can you find them? Remember, if there are any words you don't understand, you can look them up on pages 46-48.

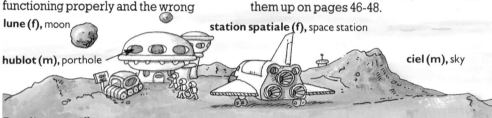

lune (f), moon

station spatiale (f), space station

hublot (m), porthole

ciel (m), sky

Dernière nouvelle

Les astronautes européens, un Anglais, une Française, un Belge et une Italienne ont eus une surprise sur Mars hier soir. Ils sont arrivé dans la nuit d'avant-hier sur cette planète et ont rencontrés le Capitaine Méno, qui commande la station spatiale. Le Capitaine a emmenés ses invités au restaurant de la station. Ils ont pris un satellite-taxi. Quand elle est sorti du taxi, Gia, la jeune Italienne, a observé que la lune était à gauche du restaurant.

Mais quand le groupe s'est assis vers midi et demie (heure de la Terre) et a demandé le menu, Gia a observée par le hublot, qu'une deuxième lune s'était levé dans le ciel!

"Mais oui." a dit le Capitaine. "Mars a deux lunes. La première s'appelle Déimos et l'autre Phobos."

Positioning negatives

When you are using *pas, jamais, rien, point* and *guère* with the *passé composé*, you put the second part of the negative between the two parts of the verb. Like this:

Nous n'avons pas mangé ce soir.
We haven't eaten this evening.

Personne, que and *ni . . . ni* follow a different rule. They come after both parts of the verb.

Je n'ai entendu personne.
I didn't hear anyone.

Negative answers

Jean is trying to talk to his friend Nathalie, but she is in a bad mood and answers all his questions negatively. Can you write her answers in complete sentences, using the negatives shown in the speech bubbles?

Salut Nathalie! Est-ce que tu as vu Paul ou Christine?

Ni . . . ni

Qui est-ce que tu as rencontré hier?

Personne

Est-ce que tu as été à la disco?

Jamais

Qu'est-ce que tu as fait hier?

Rien

See page 30 to find out which verbs these are.

Finding the right tense

Deciding whether to use the *passé composé* or the imperfect tense can be confusing until you've had lots of practice.

So here are some more puzzles to try out. If you're in doubt, go back to pages 30-33 to read about when to use each tense.

Véronique's letter

Véronique is writing to a friend about her birthday. Can you rewrite the letter, pretending the birthday was yesterday, sorting out which verbs should be in the imperfect and which in the *passé composé*.

Mon cher Etienne.

Aujourd'hui c'est mon anniversaire et j'ai treize ans. Ma mère prépare un bon déjeuner: il y a une salade niçoise, puis un poulet rôti aux pommes de terre sautées, du fromage et un bon gâteau à la crème.

Aussi, on me permet de boire du vin. Mes parents m'offrent un petit ordinateur. Je joue beaucoup avec et je commence à apprendre le BASIC! Et toi?

*A bientôt,
Amitiés,
Véronique*

Crossword puzzle

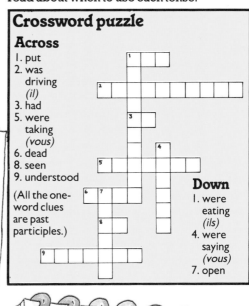

Across
1. put
2. was driving (il)
3. had
5. were taking (vous)
6. dead
8. seen
9. understood

(All the one-word clues are past participles.)

Down
1. were eating (ils)
4. were saying (vous)
7. open

The shipwreck

Here is a page from Michel's diary, describing an exciting discovery. Unfortunately he's made lots of mistakes with his tenses, muddling up the *passé composé* and the imperfect. Can you correct his mistakes?

Hier, très tôt le matin, j'allais à la plage rocheuse. Il faisait encore froid et j'ai marché très vite. Je mettais un masque et des palmes au bord de l'eau, et je nageais*rapidement pour me réchauffer. J'ai su qu'il y a eu une épave à trois cents mètres de la plage. Soudain, j'apercevais les restes d'un vieux bateau. Il n'y avait plus de mât ni de voiles. J'ai regardé longtemps les petits poissons qui ont nagé dans les algues qui ont poussé près de l'épave.

Untangle the secret messages

The word order in these sentences has been mixed up by a secret agent, so that no one can understand. Can you sort them out, making sure the negatives are in the right place? What do the messages say in English?

tu rendez-vous hier venu Pourquoi pas es n'au ?

RIEN DE REÇU JE N TOI AI !

message repondu mon as tu n' Pourquoi pas à ?

police n' cela à jamais je expliqué la ai !

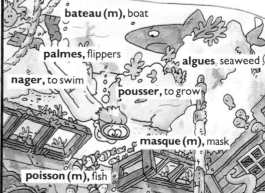

bateau (m), boat

palmes, flippers

algues, seaweed

nager, to swim

pousser, to grow

masque (m), mask

poisson (m), fish

épave (f), wreck

*The verbs nager and manger are irregular in the imperfect tense. They take an "e" after the "g" and before the imperfect endings.

Object pronouns

A pronoun is a short word which replaces a noun. For instance, you can replace "Mr Jones" with "he", or "the car" with "it". *Je, tu, il, elle, nous, vous, ils* and *elles* are subject pronouns because they replace the subject of the sentence. Object pronouns are words like "him", "her" and "them", which replace the object in a sentence. For instance, in the sentence on the right – *Marie mange la tarte* – Marie can be replaced by a subject pronoun and *la tarte* can be replaced by an object pronoun. Object pronouns always go immediately before the verb, even when there is a negative.

Marie mange la tarte.
Marie eats the tart.

Subject   Object

or

Elle mange la tarte.   or
She eats the tart.

Subject pronoun
Object pronoun

Elle la mange.
She eats it.

Here is a list of French object pronouns. You will have come across some of them in the section on reflexive verbs*, but you can find out here about using them with non-reflexive verbs too.

me me	**nous** us	**le** him
te you	**vous** you	**la** her
se himself/herself/oneself		**les** them

On the farm

All these people have a different job to do on the farm. Can you shorten all these sentences by replacing the objects with object pronouns ("it" or "them")? For example: *Il porte le bois. (He carries the wood.) – Il le porte.*

Pronoun puzzle

Can you try to shorten all these sentences by replacing the words underlined with the appropriate pronouns? Be careful about the word order.

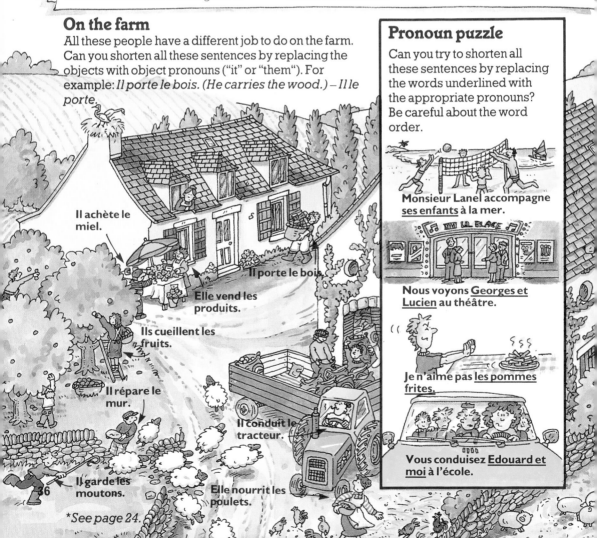

Il achète le miel.

Il porte le bois.

Elle vend les produits.

Ils cueillent les fruits.

Il répare le mur.

Il conduit le tracteur.

Il garde les moutons.

Elle nourrit les poulets.

Monsieur Lanel accompagne <u>ses enfants</u> à la mer.

Nous voyons <u>Georges et Lucien</u> au théâtre.

Je n'aime pas <u>les pommes frites.</u>

Vous conduisez <u>Edouard et moi</u> à l'école.

*See page 24.

Indirect object pronouns

If an object in a sentence is preceded by the word "to", it takes an indirect object pronoun. These are the same as the direct object pronouns – the ones shown on page 36 – except for *lui* (to him or to her) and *leur* (to them).

Je parle à Michel.
I speak to Michel. — Indirect object

Je lui parle.
I speak to him. — Indirect object pronoun

Bonjour.

Bonjour, Michel.

me	nous
to me	to us
te	vous
to you	to you
lui	leur
to him/to her	to them

Be careful! A few French verbs, such as *donner* (to give), take an indirect object although they do not appear to in English. This is because we miss out the "to" in English. However, when you say "I give him the apple.", you really mean "I give the apple to him." "Apple" is the object and "to him" is the indirect object. Other examples are *montrer* (to show), *dire* (to tell or say), *demander* (to ask), *permettre* (to permit).

The bossy waiter

Est-ce que vous avez donné les crêpes <u>à la dame en rouge?</u>

Est-ce que vous avez donné les glaces <u>aux enfants là-bas?</u>

Est-ce que vous avez donne la soupe <u>au vieil* homme a la barbe?</u>

Est-ce que vous m'avez apporté <u>la carte des vins?</u>

Est-ce que vous avez servi <u>Monsieur et Madame Leclerc?</u>

Avez-vous nettoyé <u>les verres?</u>

Véronique is working as a waitress during the holidays. Unfortunately the head waiter is very bossy. Can you answer his questions for her, replacing the words underlined with pronouns? For example: *Est-ce que vous avez donné le gâteau à Madame? Oui, je lui ai donné le gâteau.*

Using more than one pronoun

If you want to use more than one pronoun in the same sentence, you have to put them in a particular order. Look at the columns below to see which ones come first.

1	2	3
me	le	lui
te	la	leur
se	les	
nous		
vous		

For example, the sentence: *Je donne la pomme à Pierre* could be shortened to: *Je la lui donne.* You could try the café puzzle again, this time replacing all the nouns in the sentences with pronouns.

Untangle the pronouns

Philip is learning French and he's having a lot of trouble with his pronouns. He keeps coming out with sentences that don't make sense. Can you sort them out using the proper word order, as well as working out what they mean?

nous montrez vous la.

me elle raconte les.

ne ai le pas je lui donné.

me ne dit elle pas le.

lui je parle ne pas.

manges et donne le je te tu le.

37

*Vieux changes to vieil in front of a vowel or an "h".

The future tense

The future tense is used for all situations occurring in the future. (Although you can often use the verb *aller* with an infinitive as a substitute.) It is also used after the word *quand* (when), although in English the present tense is used.

    To form the future tense of ER and IR verbs, you take the infinitive of the verb and add the following endings. With RE verbs, you drop the last "e" before adding these endings.

Je conduirai l'auto.
I will drive the car.

◀ **Nous arriverons dans une demi-heure.**
We will arrive in half an hour.

L'arbre grandira vite. ▶
The tree will grow quickly.

ai	e.g. **Je mangerai**	ons
as	e.g. **Tu finiras**	ez
a	e.g. **Il conduira**	ont

Irregular futures

être: je serai	faire: je ferai	tenir: je tiendrai
avoir: j'aurai	pouvoir: je pourrai	voir: je verrai
savoir: je saurai	vouloir: je voudrai	envoyer: j'enverrai
venir: je viendrai	devoir: je devrai	aller: j'irai

The world of the future

Follow the numbers to read this story about Christine, a girl who lives about 200 years in the future. It is written in the present tense. Can you rewrite it in the future tense (leaving out the spoken parts)?

gratte-ciel (m), skyscraper

3 Mademoiselle Christine, votre montre-téléphone est arrivée.

Merci, Monsieur.

4 Alors, elle prend l'escalier roulant et en dix secondes elle est sur le toit. Elle met la nouvelle montre-téléphone et elle compose le numéro de son amie.

Allo, Céline, tu m'entends? Est-ce que je peux venir chez toi?

Christine fait ses courses "à la maison". Elle allume la télévision et, avec son ordinateur, elle écrit:

1 J'ai besoin d'une nouvelle montre-téléphone, parce que la mienne est cassée . . .

2 Aussitôt, le magasin envoie un messager. Cinq minutes plus tard, l'helicoptère dépose un paquet sur le toit du gratte-ciel. Sur le tableau de bord de son helicoptère, le messager a un parlophone, equipé d'une télévision en couleur.

Bruno's busy week

Sylvie is trying to invite Bruno for a meal, but he says he can't come. Is he telling the truth? Using his diary, try to work out what he might reply for all the other days of the week.

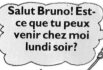

Salut Bruno! Est-ce que tu peux venir chez moi lundi soir?

Merci Sylvie, mais je jouerai au tennis avec Pierre.

lundi 8. 6.30 Tennis avec Pierre

mardi 9 7. Piscine avec Jacques

mercredi 10 8. Théâtre avec Marie Claire

jeudi 11 9. Disco avec Paul et Virginie

Vendredi 12 7.30 Leçon de guitare

samedi 13 7.30 Dîner chez les grands-parents

dimanche 14 Midi: départ en vacances

When I grow up ...

These children are describing what they want to be when they grow up. Can you put their descriptions into the future tense, by putting the right endings on to the verbs in brackets? All the pictures are in the wrong places. Can you decide which profession each child is actually describing?

Je (travailler) dans un bureau et je (programmer) des ordinateurs.

une chanteuse — Danielle

un skieur

Je (peindre) des portraits et des tableaux énormes à l'huile. Mon atelier (être) au coeur de la campagne.

un savant — Frédéric

un peintre

Je (être) célèbre. J'(inventer) des choses très importantes dans mon laboratoire.

Je (descendre) sur les pistes et je (gagner) la médaille d'or aux Jeux Olympiques.

Je (chanter) des chansons très populaires. Mes amis me (voir) souvent au Hit-Parade. Je (être) très riche.

Martine — une programmeuse

Bertrand

Jérôme

☆ Horoscopes

Sophie has been making up horoscopes for her friends. Look for your star sign, to follow her predictions.

Verseau
Un ami que vous n'avez pas vu depuis longtemps va venir vous voir. Vous vous amuserez bien cette semaine.

Poissons
Vos parents partiront en vacances sans vous, mais quelqu'un vous invitera à une surprise-partie. Vous rencontrerez un nouvel* ami ou une nouvelle amie.

Bélier
Vous irez bientôt en vacances. Peut-être que vous voyagerez à l'étranger, même en France.

Taureau
Un de vos amis vous donnera de bonnes nouvelles.

Gémeaux
Vous aurez une semaine tranquille. Prenez le temps de penser aux autres. Vous en serez content plus tard.

Cancer
Vous aurez de la chance avec l'argent. Peut-être que l'un de vos parents vous en donnera. Mais ne le dépensez pas tout de suite.

Lion
Vous sortirez beaucoup cette semaine et vous verrez beaucoup de gens. Mais, si vous vous couchez très tard, vous vous fatiguerez!

Vierge
Vous vous ennuyerez un peu et vous penserez que vos amis ne vous aiment pas. Mais soyez positif! Les choses ne sont pas comme vous les croyez!

Balance
Vous aurez une très bonne idée, mais aurez besoin de beaucoup d'argent. Procédez avec prudence.

Scorpion
Cette semaine commencera mal, mais ne vous inquiétez pas! La vie s'améliora.

Sagittaire
Les choses iront de mieux en mieux. Vous prendrez une décision importante. Mais attention! N'allez pas trop vite dans la vie.

Capricorne
Vos études iront bien. Vous réussirez vos examens. Mais essayez de vous amuser un peu plus.

39

The adjectives nouveau, beau and vieux take an "l" instead of "au" or "ux" if they come before a word beginning with a vowel.

Irregular verbs

Aller
To go

Past participle: **allé**

Future tense
J'irai
Tu iras
Il/Elle ira
Nous irons
Vous irez
Ils/Elles iront

Present tense

Je vais	Nous allons
Tu vas	Vous allez
Il/Elle va	Ils/Elles vont

Imperfect tense

J'allais	Nous allions
Tu allais	Vous alliez
Il/Elle allait	Ils/Elles allaient

Venir
To come

Past participle: **venu**

Future tense
Je viendrai
Tu viendras
Il/Elle viendra
Nous viendrons
Vous viendrez
Ils viendront

Present tense

Je viens	Nous venons
Tu viens	Vous venez
Il/Elle vient	Ils/Elles viennent

Imperfect tense

Je venais	Nous venions
Tu venais	Vous veniez
Il/Elle venait	Ils venaient

Faire
To make/do

Past participle: **fait**

Future tense
Je ferai
Tu feras
Il/Elle fera
Nous ferons
Vous ferez
Ils/Elles feront

Present tense

Je fais	Nous faisons
Tu fais	Vous faites
Il/Elle fait	Ils/Elles font

Imperfect tense

Je faisais	Nous faisions
Tu faisais	Vous faisiez
Il/Elle faisait	Ils faisaient

Pouvoir
To be able

Past participle: **pu**

Future tense
Je pourrai
Tu pourras
Il/Elle pourra
Nous pourrons
Vous pourrez
Ils/Elles pourront

Present tense

Je peux	Nous pouvons
Tu peux	Vous pouvez
Il/Elle peut	Ils/Elles peuvent

Imperfect tense

Je pouvais	Nous pouvions
Tu pouvais	Vous pouviez
Il/Elle pouvait	Ils/Elles pouvaient

Vouloir
To want

Past participle: **voulu**

Future tense
Je voudrai
Tu voudras
Il/Elle voudra
Nous voudrons
Vous voudrez
Ils/Elles voudront

Present tense

Je veux	Nous voulons
Tu veux	Vous voulez
Il/Elle veut	Ils/Elles veulent

Imperfect tense

Je voulais	Nous voulions
Tu voulais	Vous vouliez
Il/Elle voulait	Ils/Elles voulaient

Devoir
To have to, to owe

Past participle: **dû**

Future tense
Je devrai
Tu devras
Il/Elle devra
Nous devrons
Vous devrez
Ils/Elles devront

Present tense

Je dois	Nous devons
Tu dois	Vous devez
Il/Elle doit	Ils/Elles doivent

Imperfect tense

Je devais	Nous devions
Tu devais	Vous deviez
Il/Elle devait	Ils devaient

Savoir
To know

Past participle: **su**

Future tense
Je saurai
Tu sauras
Il/Elle saura
Nous saurons
Vous saurez
Ils/Elles sauront

Present tense

Je sais	Nous savons
Tu sais	Vous savez
Il/Elle sait	Ils/Elles savent

Imperfect tense

Je savais	Nous savions
Tu savais	Vous saviez
Il/Elle savait	Ils/Elles savaient

Voir
To see

Past participle: **vu**

Future tense
Je verrai
Tu verras
Il/Elle verra
Nous verrons
Vous verrez
Ils/Elles verront

Present tense

Je vois	Nous voyons
Tu vois	Vous voyez
Il/Elle voit	Ils/Elles voient

Imperfect tense

Je voyais	Nous voyions
Tu voyais	Vous voyiez
Il/Elle voyait	Ils/Elles voyaient

Answers to puzzles

Page 3
Article puzzle
les fleurs, des fleurs, la voiture, une voiture, la bicyclette, une bicyclette, la rue, une rue, l'escalier, un escalier, le jardin, un jardin, l'arbre, un arbre, les fenêtres, des fenêtres, les volets, des volets, la porte, une porte, la maison, une maison, le chien, un chien, le journal, un journal

Pages 4-5
Find the plurals
les chevaux, les arbres, les fermiers, les châteaux, les moulins, les chiens, les canaux, les maisons, les oiseaux, les raisins, les bateaux

The secret meeting
The correct endings are:
La table est blanche. La chaise est cassée. L'herbe est courte. L'église est vieille. La rue est étroite. Les fleurs sont rouges. L'arbre est grand. La fontaine est sèche. Les parapluies sont bleus.
The statement which doesn't match the picture is:
La fontaine est sèche.

Pages 6-7
Find the endings
Eric mange le gâteau. Je danse très bien. Je parle trois langues. Louise et Michèle aiment la tarte. Tu rougis. Nous écoutons la musique. L'arbre grandit très vite. Je regarde la bicyclette.

Match up the words
Ils fleurissent.
Vous chantez.
Tu vends.
Elle danse.
Nous grandissons.

Crossword puzzle
Across
2. GRANDISSEZ 3. ROUGIS 6. PARLENT
Down
1. FLEURISSENT 3. REND 4. VENDS 5. ENTEND

What's happening?
Here are some of the things that you could say in French to describe what's happening in the picture:
Le marchand vend les journaux. L'enfant mange un croissant. Tom mange une banane. Pierre tombe et perd les bonbons. Pierre rougit. Pauline danse. Tom et Henri regardent Pierre. Paul et Louise regardent Pauline. Madame Lebon perd le chapeau. Elle porte un parapluie. L'oiseau prend le chapeau. Madame Marc achète le pain. Elle porte un sac. Les fleurs fleurissent.

Pages 8-9
Chantal's letter
Je suis écolière. J'ai deux frères et une soeur. Mon père est professeur et ma mère est danseuse. Nous avons une maison à la campagne.

Phrases with avoir
J'ai froid.	**J'ai mal aux pieds.**
Elle a chaud.	**Elle a besoin de dormir.**
Tu as faim.	**Nous avons peur.**
Il a soif.	**Vous avez tort.**
Il a de la chance.	**Elle a raison.**

Cartoon strip puzzle
Quel âge as-tu?	**Tu as besoin d'une serviette.**
J'ai quinze ans.	**Tu as faim?**
J'ai froid.	**Non, mais j'ai soif.**

Positioning adjectives
deux petits chiens, des pommes rouges, une jeune fille, une voiture jaune, un café noir, un gros sandwich, un petit restaurant, le drapeau français, une vieille église, un beau jour, les arbres verts, une bonne glace, un oiseau noir, un parapluie rouge.

Wordsearch puzzle
Here are the French words you can find hidden in the square:
France, aime, bouche, pied, grand, froid, savons, savon, avons, soif, main, petit, pain, yeux, lent, douce, cheveux, veux, besoin, noir, faim, doigt, aimez, sont, oeil.
The parts of the verbs **avoir** and **être** are: **sommes, a, ai, avons, sont, ont, avez, êtes, es.**

Pages 10-11

Making questions
Avez-vous des pommes? Est-ce que vous avez des pommes? Aimes-tu danser? Est-ce que tu aimes danser? Prend-il son déjeuner? Est-ce qu'il prend son déjeuner? A-t-elle quinze ans? Est-ce qu'elle a quinze ans? Parles-tu anglais? Est-ce que tu parles anglais? Est-elle dans le jardin? Est-ce qu'elle est dans le jardin? Avez-vous des chambres? Est-ce que vous avez des chambres?

Find the missing words
Où est le château? Pourquoi ris-tu? Comment ça va? Qui est-elle? Qu'est-ce que vous désirez?

Quel, quelle, quels or quelles?
Quel est le nom de cette rue?
Quelles fleurs préférez-vous?
Quelle surprise!

Answers (2)

Pages 10-11 (cont.)

France quiz

1. C'est Paris. 2. Elles sont près de l'Espagne.
3. On peut skier à Chamonix. 4. Elle est à
Paris. 5. C'est un fleuve. 6. C'est une
montagne. 7. On peut trouver des vignobles à
Bordeaux et en Bourgogne. 8. A côté de la
Loire.

Pages 12-13

True or false?

Calais n'est pas la capitale de la France.
Napoléon n'est pas le président de la France.
Les chameaux n'habitent pas au Pôle Nord.
Six et sept ne font pas onze.
La Tour Eiffel n'est pas à Boulogne.
The correct statement is: Le camembert est un
fromage.

In the mountains

Le soir, dans la montagne, il n'y a presque
personne. On ne voit que les moutons et les
oiseaux. On n'entend ni les voitures, ni les
radios. Il n'y a rien qui nous dérange. Je ne
veux jamais rentrer à la ville.

Find the answers

1. Je n'ai jamais tort. 2. Il n'y a personne à la
maison. 3. Il n'y a rien à manger. 4. Je n'aime
pas le football. 5. Je n'ai que deux francs. 6. Je
n'ai plus froid. 7. Je n'ai plus faim.

Shopkeeper's puzzle

Je n'ai pas de stylos. Je n'ai pas d'essence. Je
n'ai pas de poires. Je n'ai pas de thé.

Acrostiche puzzle

The answer is PARIS.

Pages 14-15

Timetable puzzle

Le train de Boulogne arrive à neuf heures.
Le train de Rouen arrive à neuf heures vingt.
Le train de Caen arrive à dix heures et quart.
Le train pour Dijon part à midi et demie.
Le train pour Strasbourg part à onze heures
moins cinq.
Le train pour Grenoble part à neuf heures
cinq.

The correct answer is: Le train pour Annecy part
à dix heures vingt cinq.

More time puzzles

La banque ouvre à neuf heures du matin.
La banque est fermée.
It will be two o'clock when the match
begins.

Television quiz

A neuf heures on peut voir Le Match de
Football. "La Vie des Animaux" est à sept
heures et quart. Le match de football
commence à huit heures et demie. A sept
heures moins le quart, on peut voir le Hit-
Parade. Son émission préférée est le match de
football.

The weather forecast

En Angleterre il pleut. A Paris il fait du vent.
En Espagne il fait beau. A Marseille il fait
chaud. En Italie il fait froid. Il neige dans les
Alpes.

Pages 16-17

Descriptions

l'homme à la barbe noire, la dame au chapeau
rouge, le clown au grand pantalon, le clown au
nez rouge

Pains

J'ai mal à la tête. J'ai mal au doigt. J'ai mal au
genou. J'ai mal aux pieds. J'ai mal au poignet.

Where do they work?

Le jardinier travaille au jardin. Le chef
travaille au restaurant. Le mécanicien
travaille au garage. Le boulanger travaille à la
boulangerie. L'infirmière travaille à l'hôpital.
Le fermier travaille à la ferme. L'agent de
police travaille au commissariat de police.

Menus

Canard aux cerises Omelette aux
champignons Saumon à l'oseille Mousse au
chocolat Tarte aux fraises

What's for lunch?

Il y a des bananes, des pêches, de la soupe, de
la salade, de la moutarde, du pâté, du
fromage, du saucisson, du pain, du beurre, de
la confiture, du gâteau, de la tarte aux
pommes, du café, de l'eau minérale, de la
limonade, des raisins.

Signs

Café de la Gare   Rue des Fleurs   Plat du jour

Pages 18-19

Where are they going?

Henri va de la gare à l'hôtel.
Monsieur et Madame Barges vont de
l'Opéra au restaurant.
Helene va des jardins à la cathédrale.
Pierre va du parc à la Tour Eiffel.
Luc va de l'école au café.

Find the famous sight

Le Grand Palais est en face du Petit Palais. (or
à côté du . . . or à gauche du . . .)
Le Musée du Louvre est à côté des Jardins des
Tuileries. (or en face des . . . or à droite
des . . .)
La Bibliothèque Nationale est derrière le
Palais Royal. (or près du . . .)
La Tour Eiffel est à côté de la Seine.
Le Grand Palais est entre le Musée d'Art
Moderne et le Petit Palais.
Le Panthéon est derrière la Sorbonne.
L'Arc de Triomphe est loin du Panthéon.
La Madeleine est près de l'Opéra.

Match the cities and countries

Reykjavik est en Islande. Lagos est au Nigéria.
Moscou est en URSS. Istamboul est en
Turquie. Sophia est en Bulgarie. New York
est aux Etats-Unis. Tokyo est au Japon. Berlin
est en Allemagne. Amsterdam est aux Pays
Bas. Lisbonne est au Portugal.

Pages 20-21

Fairy Tale puzzles

Miroir, miroir magique, qui est la plus belle
du royaume? Vous êtes le plus beau prince du
monde. Votre pied est vraiment plus grand
que la chaussure. Donne la pomme la plus
rouge à la princesse. Vos chaussures vont plus
vite que mes bottes.

Make your own comparatives

L'avion va plus vite que la voiture.
La voiture va moins vite que l'avion.
Pierre est plus jeune que Grand-mère.
Grand-mère est moins jeune que Pierre.
Le château est plus grand que la maison. La
maison est moins grande que le château.
La glace est plus froide que la soupe.
La soupe est moins froide que la glace.
Le vin est moins fort que le cognac.
Le cognac est plus fort que le vin.

Comparative riddles

Neither. A kilo of feathers and a kilo of lead both
weigh the same. The two Arabs are mother and son.

More comparatives

Elle chante mieux que moi. Elle a la meilleure
voix de la chorale. Voilà le meilleur magasin
de Paris . . . et voici le pire restaurant. Aller à
l'école, c'est bien, mais être en vacances, c'est
mieux.

Acrostiche puzzle

The answer is **PERRAULT**

Pages 22-23

Family puzzle

Son père, Son frère, Sa soeur, Son cousin et sa
cousine, Sa mère, Son oncle, Sa grand-mère,
Sa tante.

Poster puzzle

Sa cuisine, Son histoire, Ses grottes, Ses
musées, Sa plage, Son jardin botanique, Son
abbaye, Son église.

Napoléon's family tree

1. Madame Mère est sa femme. 2. Zénaïde est
sa femme et sa cousine. Charles-Lucien et
Zénaïde sont cousin et cousine. 3. Lucien-
Louis est son oncle. 4. Zénaïde est sa nièce.
5. Elle est sa grand-mère. 6. Louis-Napoléon
III est son neveu.

What are they doing?

Ils prennent leurs valises. Il ne prend pas son
dîner. J'enlève mes chaussures. Il casse son
verre. Elle porte son portrait. Nous faisons
nos études.

Inspecteur Jumeau's assignment

tes lunettes, ta canne à pêche, ta carte, ton
imperméable, ton carnet, tes jumelles, ton
appareil photographique

Pages 24-25

What's happening in the picture?

1. Ils se disputent. 2. Il se dépêche. 3. Elle se
réchauffe. 4. Elles se rencontrent. 5. Ils se
déguisent. 6. Il se gratte. 7. Il se repose. 8. Elle
se regarde. 9. Il s'asseoit.

Postcard puzzle

Nous nous amusons bien ici! Est-ce que tu
t'amuses chez toi? On se lève très tôt le matin
et se couche très tard le soir. Je me demande si
tu te rappelles Pascal? Son frère est ici et il
s'appelle Luc.

Pages 26-27

Croque-Monsieur Recipe

Coupez, beurrez, Râpez, Prenez, couvrez,
Ajoutez, Couvrez, Mettez or Coupe, beurre,
Râpe, Prends, couvre, ajoute, Couvre, Mets.

Treasure hunt

The treasure is hidden at the old fort.

Instructions for the Grand Hôtel:
Prenez la première rue à gauche, et puis la
première rue à droite, après l'église.
Continuez tout droit. Prenez la deuxième rue
à gauche et puis vous avez le Grand Hôtel, au
coin de la rue.

Who is saying what?

1. Arrêtez!
2. Soyez le bienvenu!
3. Ne coupez pas les fleurs!
4. Ne te gratte pas!
5. Soyons amis.

Answers (3)

Pages 26-27 (cont.)

Franglais puzzle
Ne restez pas à la plage.
Amusez-vous à la foire.
Amenez toute la famille.
Venez à Fréjus.
Dînez chez Marcel.
Goûtez les spécialités de la région.

Pages 28-29

The travelling reporter
Nous sommes en train de jouer au football. Nous sommes en train de jouer aux cartes. Je suis en train de lire un journal. Je suis en train de manger une glace. Je suis en train de nager. Je suis en train de faire la voile.

Je viens d'aller chez le coiffeur. Je viens de faire des courses. Je viens de glisser sur une peau de banane. Nous venons de voir un film. Je viens de gagner le gros lot.

Nous allons cueillir les raisins. Je vais conduire le tracteur. Je vais monter dans la voiture. Je vais donner à manger au cheval. Je vais monter à cheval.

Holiday puzzle
I. Martinique 2. Egypte 3. Rome 4. Norvège

Plane spotting puzzle
1. Il vient d'arriver. 2. Il vient de partir. 3. Il va partir à dix heures moins le quart. 4. Il va partir à onze heures. 5. Il va arriver à dix heures et demie. 6. L'avion de Londres est en train d'arriver. L'avion pour Moscou vient de partir.

At the port
Here are some examples of sentences you could use to describe what is happening in the picture.
Un garçon est en train d'acheter un billet. Deux jeunes personnes viennent de faire des achats. Un homme est en train de courir. Une femme vient de perdre son argent. Un homme est en train de pêcher. Des gens sont en train de faire la queue. Un enfant est en train de pleurer. Un chien vient de voler sa glace. Un garçon est en train de prendre une photo. Un autre est en train de lire un journal. Des gens sont en train de monter dans le bateau. Un vieil homme est en train de prendre les billets.

Pages 30-31

The puppet show
La femme de Guignol a volé les bananes du fruitier. Le fruitier a appelé le gendarme. Le gendarme a battu Guignol. Le chien a mordu le gendarme. Guignol est parti avec le chien. Guignol et sa femme ont mangé les bananes.

Inspecteur Jumeau's investigation
Here are the answers the guests are likely to have given:
Je suis allée au théâtre.
Nous sommes allés à la disco.
J'ai lu un roman.
Je suis rentrée à onze heures et demie.
Nous sommes rentrés à une heure du matin.
On m'a volé mes bijoux.
On m'a volé mon imperméable.
J'ai mis ces bijoux sous le lit.

History quiz
52BC Vercingétorix, le chef des Gaulois, s'est battu contre César. 1066 Les Normands sont arrivés en Angleterre. 1643 Louis XIV est devenu roi. 1789 La Révolution Française a eu lieu. 1801 Napoléon est devenu empereur. 1812 Napoléon a fait la guerre contre les Russes. 1939 La Deuxième Guerre Mondiale a commencé.

Pages 32-33

The puppet show
C'était dans une rue animée du marché. Les magasins étaient ouverts et on entendait les fruitiers qui criaient: "Achetez mes belles pommes!" Les oiseaux chantaient dans les arbres. C'était mercredi et il faisait très beau.

True or false?
I. c. 2. b. 3. b. 4. b. 5. a.

Jean-Pierre's dream
Here are some sentences to describe what was happening in Jean-Pierre's dream: **C'était dans un village à la campagne. Il y avait une église, une croix et des maisons en bois. Les enfants jouaient à la guerre. Une fille gardait les oies. Des gens dansaient devant l'église. Ils faisaient une ronde.**

Age riddle
Il a douze ans.

The bank robbery
Henri et Pierre jouaient au tennis. Monsieur Lanel faisait des achats. Jeanne lavait sa voiture. Pauline se promenait avec son chien. Jules jouait au ballon. Les voleurs portaient des pantalons noirs, des tricots noirs et des chaussures bleues. Ils avaient une voiture jaune.

Pages 34-35

The two moons
There were seven mistakes.
The participles that were incorrect in the original text have been corrected and underlined here.
Les astronautes européens, un Anglais, une Francaise, un Belge et une Italienne ont eu une surprise sur Mars hier soir. Ils <u>sont arrivés</u> dans la nuit d'avant-hier sur cette planète et <u>ont rencontré</u> le Capitaine Meno, qui commande la station spatiale. Le Capitaine <u>a emmené</u> ses invités au restaurant de la station. Ils ont pris un satellite-taxi. Quand elle <u>est sortie</u> du taxi, Gia, la jeune Italienne, a observé que la lune était à gauche du restaurant.

Mais quand le groupe s'est assis vers midi et demie (heure de la Terre) et a demandé le menu, <u>Gia a observé</u> par le hublot, qu'une deuxième lune <u>s'était levée</u> dans le ciel!

"Mais oui," a dit le Capitaine. "Mars a deux lunes. La première s'appelle Déimos et l'autre Phobos."

Negative answers

Je n'ai vu ni Paul ni Christine. Je n'ai rencontré personne. Je n'ai jamais été à la disco. Je n'ai rien fait hier.

Untangle the secret messages

Pourquoi n'es-tu pas venu au rendez-vous hier? Pourquoi n'as-tu pas répondu à mon message? Je n'ai rien reçu de toi! Je n'ai jamais expliqué cela à la police.

Véronique's letter

Hier, c'était mon anniversaire et j'ai eu treize ans. Ma mère a préparé un bon déjeuner: il y avait une salade niçoise, puis un poulet rôti aux pommes de terres sautées, du fromage et un bon gâteau à la crème. Aussi, on m'a permis de boire du vin. Mes parents m'ont offert un petit ordinateur. J'ai beaucoup joué avec et j'ai commencé à apprendre le BASIC! Et toi?

Crossword puzzle

Across
1. MIS 2. CONDUISAIT 3. EU
5. PRENIEZ 6. MORT 8. VU 9. COMPRIS
Down
1. MANGEAIENT 4. DISIEZ 7. OUVERT

The Shipwreck

Here is a version with the correct tenses. The verbs that were incorrect in the original have been underlined here.

Hier, très tôt le matin, je suis allé à la plage rocheuse. Il faisait encore froid et j'ai marché très vite. J'ai mis un masque et des palmes au bord de l'eau, et j'ai nagé rapidement pour me réchauffer. Je savais qu'il y avait une épave à trois cent mètres de la plage.

Soudain, j'ai aperçu les restes d'un vieux bateau. Il n'y avait plus de mât ni de voiles. J'ai regardé longtemps les petits poissons qui nageaient dans les algues qui poussaient près de l'épave.

Pages 36-37

On the farm

Il conduit le tracteur. Il le conduit. Elle vend les produits. Elle les vend. Ils cueillent les fruits. Ils les cueillent. Elle nourrit les poulets. Elle les nourrit. Il répare le mur. Il le répare. Il achète le miel. Il l'achète. Il garde les moutons. Il les garde.

Pronoun puzzle

Monsieur Lanel les acompagne à la mer. Nous les voyons au théâtre. Je ne les aime pas. Vous nous conduisez à l'école.

The bossy waiter

Oui, je lui ai donné les crêpes. Oui, je lui ai donné la soupe. Oui, je les ai servis. Oui, je leur ai donné les glaces. Oui, je vous ai apporté la carte des vins. Oui, je les ai nettoyés.

More difficult version:
Oui, je les lui ai donnés.* Oui, je la lui ai donnée.* Oui, je les ai servis.* Oui, je les leur ai donnés.* Oui, je vous l'ai apportée.* Oui, je les ai nettoyés.*

*These endings relate to a rule that you may not have come across before. With verbs that take avoir, the endings of the participles have to agree with their preceding direct objects.

Untangle the pronouns

Vous nous la montrez. Elle me les raconte. Je ne lui ai pas donné. Elle ne me l'a pas dit. Je ne lui parle pas. Je te le donne et tu le manges.

Pages 38-39

The world of the future

Christine fera ses courses "à la maison". Elle allumera la télévision et, avec son ordinateur, elle écrira:

Aussitôt, le magasin enverra un messager. Cinq minutes plus tard, l'hélicoptère déposera un paquet sur le toit du gratte-ciel. Sur le tableau de bord de son hélicoptère, le messager aura un parlophone, équipé d'une télévision en couleur.

Alors, elle prendra l'escalier roulant et en dix secondes elle sera sur le toit. Elle mettra la nouvelle montre-téléphone et elle composera le numéro de son amie.

Bruno's busy week

Mardi, j'irai à la piscine avec Jacques. Mercredi, j'irai au théâtre avec Marie-Claire. Jeudi, j'irai à la disco avec Paul de Virginie. Vendredi, j'aurai une leçon du guitare. Samedi, je dînerai chez les grands-parents. Dimanche, je partirai en vacances.
Bruno is telling the truth.

When I grow up . . .

Danielle sera programmeuse. Martine sera savant. Frédéric sera peintre. Bertrand sera skieur. Jérôme sera chanteur.

(In French you leave out the article when you are describing someone's profession.)

Je descendrai sur les pistes et je gagnerai la médaille d'or aux Jeux Olympiques.

Je serai célèbre. J'inventerai des choses très importantes dans mon laboratoire.

Je peindrai des portraits et des tableaux énormes à l'huile. Mon atelier sera au coeur de la campagne.

Je travaillerai dans un bureau et je programmerai les ordinateurs.

Je chanterai des chansons très populaires. Mes amis me verront souvent au Hit-Parade. Je serai très riche.

French-English vocabulary

abbaye (f), abbey
accompagner, to take, accompany
actualités (f.pl), the news
âge (m), age
agent de police (m), policeman
aimer, to love
aller, to go
allumer, to light, turn on
alors, then
s'améliorer, to improve
ami/e (m/f), friend
amitiés (f.pl), best wishes
s'amuser, to enjoy yourself
ancien/ne, old, ancient
Angleterre (f), England
an (m), year
animal (m), animal
animé/e, busy, lively
anniversaire (m), birthday
année (f), year
apercevoir, to notice
appareil photographique (m), camera
s'appeler, to be called
apporter, to bring
apprendre, to learn
après, after
Arabe (m), Arab
arbre (m), tree
argent (m), money
arrêter, to stop
arriver, to arrive
s'asseoir, to sit down
assiette (f), plate
atelier (m), studio
aujourd'hui, today
aussi, also
aussitôt, immediately, straight away
autre (m), other, another
avant-hier, the day before yesterday
avec, with
avion (m), aeroplane

Balance, Libra
banane (m), banana
banque (f), bank
barbe (f), beard
battre, to beat, hit
se battre, to fight
beau/belle, fine, beautiful
beaucoup, much, a lot
Belge (m), Belgian
Bélier, Aries
besoin (m), need, **avoir besoin de**, to need
beurre (m), butter
bicyclette (f), bicycle
bien, well
bientôt, soon
bienvenu/e, welcome
bijou (m), jewel
blanc/he, white
boire, to drink
bon/ne, good

bonbon (m), sweet
bord (m), edge
boulanger (m), baker
boulangerie (f), bakery, baker's shop
bouteille (f), bottle
botte (f), boot
bouche (f), mouth
brûler, to burn

café (m), café, coffee
campagne (f), countryside
canal (m), canal
canne à pêche (f), fishing rod
capitale (f), capital
Capricorne, Capricorn
carnet (m), notebook
carte (f), map, menu, **carte des vins**, wine list
cassé/e, broken
casser, to break
cathédrale (f), cathedral
ce/cette/ces, this
cela, that
célèbre, famous
cellule (m), cell
cependant, however
cent (m), hundred
César, Caesar
chaise (f), chair
chambre (f), bedroom, room
chameau (m), camel
chance (f), luck
chanson (f), song
chanter, to sing
chanteur/se (m/f), singer
chapeau (m), hat
chaque, each, every
château (m), castle, palace
chaussure (f), shoe
chef (m), cook, chief
chemin (m), path, way
cher/e, dear, expensive
chercher, to look for
cheval (m), horse
cheveaux (m.pl), hair
chez, with
chien (m), dog
choisir, to choose
chorale (f), choir
chose (f), thing
cinq, five
cinquième, fifth
cité (f), town, city
climat (m), climate
coeur (m), heart
coin (m), corner
commander, to command
commencer, to begin
comment, how
commissariat (m), police station
composer un numéro, to dial a number
comprendre, to understand

conduire, to drive
confiture (f), jam
content/e, pleased, happy
continuer, to continue
contre, against
couper, to cut
courses (f.pl), **fair les**, to go shopping
court/e, short
crème (f), cream
crêpe (f), pancake
croire, to believe
cueillir, to collect, gather
cuisine (f), cooking, kitchen

dans, in
danser, to dance
danseur/se (m/f), dancer
décision (f), decision
déjeuner (m), lunch
demander, to ask for
demi/e, half
dent (m), tooth
dépenser, to spend
déposer, to deposit
depuis, since
déranger, to disturb
dernier/ère, last
descendre, to go down
désert (m), desert
désirer, to want
deux, two
deuxième, second
dimanche (m), Sunday
dîner (m), dinner
dîner, to dine
dire, to say, tell
dix, ten
doigt (m), finger
donner, to give
doux/ce, soft, sweet
drapeau (m), flag
droit/e, right
dune (f), dune

eau minérale (f), mineral water
échanger, to swop, exchange
école (m), school
écolier/e (m/f), schoolboy, schoolgirl
écrire, to write
église (f), church
elle, she
émission (f), programme
emmener, to take (people)
emporter, to bring, take (things)
en, some, any
encore, still, yet
enfant (m), child
enlever, to take off
énorme, huge, enormous
s'ennuyer, to be bored
entendre, to hear
époux/se (m/f), spouse (husband/wife)
équipé de, equipped with

escalier (m), steps, staircase
escalier roulant (m), escalator
Espagne (f), Spain
essayer, to try
essence (f), petrol
et, and
étranger, à l', abroad
être, to be
étroit/e, narrow
étude (m), study
exagérer, to exaggerate
examen (m), exam
expliquer, to explain

faim, hunger, **avoir faim**, to be hungry
faire, to make, do
famille (f), family
fatigué, tired
se fatiguer, to be tired
femme (f), woman, wife
fenêtre (f), window
fleur (f), flower
fermé/e, closed
fermier (m), farmer
fille (f), girl, daughter
fils (m), son
fin (f), end
foire (f), fair
fontaine (f), fountain
forêt (m), forest
fort/e, strong, loud
franc (m), franc
français/e, French
frapper, to knock
frère (m), brother
froid/e, cold
fromage (m), cheese
fruit (m), fruit
fruitier (m), greengrocer, fruiterer

gagner, to win
garde (m), guard
garder, to look after
gare (f), station
gâteau (m), cake
gauche, left
Gaulois (m), a Gaul
Gémeaux, Gemini
genou (m), knee
glace (f), ice, ice cream
grand/e, big
grand-mère (f), grandmother
gratte-ciel (m), skyscraper
gratter, to scratch
gros/se, fat
grotte (f), cave
guerre (f), war
guitare (m), guitar

habiter, to live
haut/e, high, tall
hélicoptère (m), helicopter
herbe (f), grass
heure (f), hour, time
hier, yesterday
histoire (f), history, story

homme (m), man
hôpital (m), hospital
hôtel (m), hotel
hublot (m), porthole
huile (f), oil
huit, eight

ici, here
ideé (f), idea
il, he
imperméable (m), raincoat
infirmier/e (m/f), nurse
incognito, in disguise
inquiéter, to worry
inventer, to invent
invité (m), guest
inviter, to invite
Italie (f), Italy

jamais, never
jardin (m), garden
jardinier/e (m/f), gardener
jaune, yellow
jeudi, Thursday
jeune, young
Jeux Olympiques (m.pl), Olympic Games
jouer, to play
jour (m), day
journal (m), newspaper
jumelles (f.pl), binoculars

laisser, to leave
langue (f), language, tongue
largement, widely, generously
leçon (f), lesson
lent/e, slow
leur, their, them
se lever, to rise, get up
lieu, avoir, to take place
limonade (m), lemonade
Lion, Leo
lire, to read
lit (m), bed
livre (m), book
long de, le, along
longtemps, for a long time
lourd/e, heavy
lui, him, her
lundi, Monday
lunettes (f.pl), glasses

magasin (m), shop
magique, magic
main (f), hand
mairie (f), townhall
mais, but
maison (f), house
manger, to eat
marchand/e (m/f), shopkeeper, vendor
marché (m), market
marcher, to walk
mardi, Tuesday
mari (m), husband
mât (m), mast
matin (m), morning
mauvais/e, bad
mécanicien/ne (m/f), mechanic
médaille (f), medal

même, even, the same
mer (f), sea
merci, thank you
mercredi, Wednesday
mère (f), mother
message (m), message
messager (m), messenger
mètre (m), metre
mettre, to put
midi, midday
miel (m), honey
meilleur, better (from good)
mien/ne, mine
mieux, better (from well), **de mieux en mieux,** better and better
minute (f), minute
miroir (m), mirror
moi, me
moins, less
monde (m), world
Monsieur, Mr, sir
montagne (f), mountain
montrer, to show
montre-téléphone (f), telephone-watch
mordre, to bite
moulin (m), mill
moutarde (f), mustard
mouton (m), sheep
mur (m), wall
musée (m), museum
musique (f), music

nager, to swim
neige (f), snow
neiger, to snow
nettoyer, to clean, wipe
neuf, nine
neuf/ve, new
nez (m), nose
ni . . . ni, neither . . . nor
Noël (m), Christmas
noir/e, black
noix de coco (f), coconut
nom (m), name
non, no
nord (m), north
Normand (m), Norman
nourrir, to feed
nouveau/lle, new
nouvelles (f.pl), news
nuit (f), night

observer, to observe, notice
oeil (m), eye
offrir, to offer
oiseau (m), bird
onze, eleven
ordinateur (m), computer
ou, or
où, where
ouvert/e, open
ouvrir, to open

pain (m), bread
palais (m), palace
pantalon (m), trousers
palme (f), flipper
papier (m), paper
papyrus (m), papyrus
par, through, by

parce que, because
parapluie (m), umbrella
parc (m), park
parler, to speak
partir, to leave
passer, to pass
pays (m), country
pêche (f), peach
peindre, to paint
peintre (m), painter
pendant, during, while
penser, to think
perdre, to lose
père (m), father
permettre, to permit, allow
personne, nobody
personne (f), person
petit/e, small
peu (m), a little, few
peut, see **pouvoir**
peut-être, perhaps
pied (m), foot
piscine (f), swimming pool
piste (f), ski slope
plage (f), beach
plaire, to please
planète (f), planet
plat (m), dish
plomb (m), lead
plume (f), feather
plus, more, **ne . . . plus,** no more, no longer
poignet (m), wrist
poire (f), pear
Poissons, Pisces
pôle (m), pole
pomme (f), apple
pommes frites (f.pl), chips
pomme de terre (f), potato
port (m), port
porte (f), door
porter, to carry, wear
portrait (m), portrait
positif/ve, positive
poulet (m), chicken
pouvoir, to be able
pour, for
pourquoi, why
pouvoir, to be able
préféré/e, favourite
préférer, to prefer
premier/e, first
prendre, to take
préparer, to prepare
près de, near, close to
presque, almost, nearly, hardly
prince (m), prince
princesse (f), princess
prisonnier (m), prisoner
procéder, to proceed
proche, near, close
produit (m), produce
programmer, to program
programmeur/se (m/f), computer programmer
provision (f), stock, supply
prudence (f), caution, carefulness
puis, then

quand, when
quatre, four
que, what, that, than
quel/le, which, what
quelque, some
quelque chose, something
quelqu'un, someone
qui, who
quinze, fifteen
quoi, what, which

raconter, to tell about, relate
raisin (m), grape
rapidement, quickly
recette (f), recipe
recevoir, to receive
réchauffer, to warm up
regarder, to look at
rencontrer, to meet
rendez-vous (m), meeting
rentrer, to return, go back
réparer, to repair
repas (m), meal
répondre, to reply
restes (m.pl), remains
réussir, to succeed
riche, rich
rien, nothing
rire, to laugh
robe (f), dress
rocheux/se, rocky
roi (m), king
roman (m), novel
rôti/e, roast
rouge, red
royaume (m), kingdom
rue (f), street

sac (m), bag
Sagittaire, Sagittarius
saisir, to seize
saucisson (m), salami
salut, hello
samedi, Saturday
sauvé, saved
sans, without
savant/e (m/f), scientist
savoir, to know
Scorpion, Scorpio
sec/che, dry
semaine (f), week
sept, seven
servir, to serve
si, if
six, six
skieur/se (m/f), skier
soeur (f), sister
soif, thirst, **avoir soif,** to be thirsty
soir (m), evening
soleil (m), sun
sortir, to go out
soudain, suddenly
soupe (f), soup
sous, under, beneath
stylo (m), pen
sur, on
surpris, surprised

table (f), table
tableau (m), painting
tableau de bord (m), dashboard

47

French-English vocabulary (2)

tard, late
tarte (f), tart, pie
Taureau, Taurus
tellement, such, so much
temps (m), time, weather
tenir, to hold
tenez, here you are
Terre (f), Earth
tête (f), head
thé (m), tea
toi, you
toit (m), roof
tomber, to fall
tort (m), wrong, fault, **avoir tort**, to be wrong

tôt, early
tour (f), tower
tout/e, all
toute de suite, at once
train (m), train
tranquille, quiet, calm
treize, thirteen
très, very
trois, three
troisième, third
trop, too
trouver, to find

va, see **aller**
vacances (f.pl), holiday/s

valise (f), suitcase
vendre, to sell
vendredi, Friday
venir, to come
verre (m), glass
vers, towards
Verseau, Aquarius
vert/e, green
vêtement (m), item of clothing
vie (f), life
Vierge, Virgo
vieux/vieille, old
vignoble (m), vineyard
violon (m), violin
ville (f), town

vin (m), wine
vingt, twenty
vite, quick, quickly
voici, here is
voilà, there is
voile (f), sail
voir, to see
voiture (f), car
voix (f), voice
voler, to steal
volet (m), shutter
vouloir, to want
voyager, to travel
vraiment, really

yeux (m.pl), eyes

English-French vocabulary

add, to, ajouter

ball, balle (f)
banana skin, peau de banane (f)
bed, lit (m)
been, été
boat, bateau (m)
book, livre (m)
boy, garçon (m)
bring, to, amener
buy, to, acheter

car, voiture (f), auto (f)
coat, manteau (m)
come, to, venir
continue, to, continuer
cover, to, couvrir
cry, to, pleurer
cut, to, couper

dance, to danser
dead, mort
dine, to, dîner
disco, disco (f)

drive, to, conduire

eat, to, manger
enjoy yourself, to, s'amuser

feed, to, donner à manger
find, to, trouver
fish, to, faire la pêche

girl, fille (f)
go, to, aller
   go riding, monter à cheval
   go shopping, faire des courses, faire des achats
grape, raisin (m)

had, eu
hairdresser, coiffeur/se (m/f)

ice-cream, glace (f)
in, en, à, au, dans

jewels, bijoux (m.pl)

left, gauche

man, homme (m)
mountain, montagne (f)

necklace, collier (m)
newspaper, journal (m)
novel, roman (m)

open, ouvert

party, partie (f)
pass, to, passer
people, gens (m.pl)
pick, to, cueillir
play, to, jouer
   play cards, jouer aux cartes
put, mis

raincoat, imperméable (m)
read, to, lire
right, droit
river, fleuve (m)

run, to, courir

say, to, dire
see, to, voir
seen, vu
slip, to, glisser
stay, to, rester
steal, to, voler
swim, to, nager

take, to, prendre
taste, to, goûter
theatre, théâtre (m)
ticket, billet (m)
tractor, tracteur (m)
turn, to, tourner

under, sous
understood, compris

walk, to, marcher
wear, to, porter
win, to, gagner
woman, femme (f)

Index

First published in 1985 by Usborne Publishing Ltd. Usborne House, 83-85 Saffron Hill London EC1N 8RT, England.

Copyright © 1985 Usborne Publishing Ltd.
Printed in Spain